数秘術の世界

Modern Numerology Lesson

あなたの人生を導く『数』の神秘

伊泉 龍一 ✤ 早田 みず紀

駒草出版

プロローグ

　「ヌメロロジー」という占いをご存知でしょうか？　現代の英米でヌメロロジーといえば、「星占い」や「タロット占い」と並んで、非常にポピュラーな占いとして知られています。
　一方、日本でも「数秘術」という呼び方で、すでにヌメロロジーに関する解説書は何冊か出版されています。とはいえ、いまのところ日本におけるヌメロロジーは、どちらかというと一部の熱心な占いファンの間でのみ知られている、ややマニアックな占いという位置にあるようです。なので、もしかするといま本書を手に取っていただいている方の中には、ヌメロロジーがどんな占いなのかまったく知らない方もいると思います。ここでは本書のプロローグとして、ヌメロロジーとはどんな占いであるかを、ごく簡単に説明しておきましょう。

　西洋・東洋問わず、世界にはさまざまな占いがあります。それらの中には「生年月日」をもとにして占うという方法を持ったものが数多く存在します。たとえば、テレビや雑誌でもすでにおなじみの「星占い」は、生まれた日をもとにした「誕生星座」から、その人の性格や運命を読み解きます。本書で紹介するヌメロロジーも「星占い」と同様に、生年月日が占いの基本原理のひとつとなっています。
　とはいえ、ヌメロロジーの場合は、星占いのような「誕生星座」が出てくるわけではありません。日本でこれまで「数秘術」という訳語が広く使われていたことからも分かるように、ヌメロロジーは、「星座」の代わりに「数」を用います。

　たとえば、ある人の生年月日1978年2月10日は、1・9・7・8・

2・1・0という「数」に分解します。そしてヌメロロジーでは、これらの「数」を分析することによって、その人の才能や人生の目的を導き出すわけです。すなわち、その人の性格や運命を知るために、生年月日を構成する「数」に注目するのが、ヌメロロジーという占いの特徴なのです。

　念のために言っておくと、ヌメロロジーでは、「数」を分析するといっても、高度な数学的知識が必要とされるわけではありません。どのように分析するかは、本文の方で詳しく説明しますが、一般的なヌメロロジーによる「数」の分析の手法は、だれでもができる非常に簡単なものです。なので、算数や数学が嫌いだったという人も、「数を使った占い」だからといってヌメロロジーを敬遠することはありません。

　もうひとつ、ついでに述べておくと、「数を使った占い」ということから、ヌメロロジーを「堅苦しそうな占い」とか「理屈っぽい占い」と思ってしまう人もいるかもしれません。けれども、本文を読んでいただけると分かるように、実際にはまったくそんなことはありません。むしろヌメロロジーという占いは、日々の生活の中で、多くの人が持つ「数にまつわる不思議な経験」と関係しています。たとえば最近、ある知人が、次のような「数」にまつわるエピソードを語ってくれました。

　　自分の母親の誕生日は「3月3日」。
　　半ば諦めていたにもかかわらず、奇跡的に合格した志望校の受験番号は「3003番」。
　　また、最近結婚を誓った彼女と初めて出会ったのは、去年の「3月」。

　　すなわち、なぜか自分の人生の中で、運命的でもあり、好ましくもある出来事は、常に「3」という数に関連して起こっているので

す。しかもさらに不思議なことに、ふと腕時計を見たときに、しょっちゅう「3時33分」という時の刻み目に出会ってしまう等々……。

　こういった例に限らず、日々の生活のなかで、「数の不思議」、あるいは「数の神秘」と思われる出来事を経験している人はたくさんいるはずです。

　もしあなたも、これまでの人生の中で、数の不思議を感じたことがあるというのなら、これから紹介するヌメロロジーの世界に、間違いなく興味を持っていただけるはずです。

　ここで、あらかじめ本書のおおまかな構成を簡単に述べておきましょう。

　本書は2部構成となっています。
まず1部では、ヌメロロジーの実際の方法とそこから導き出される数のメッセージを記しておきます。

　具体的な内容としては、「ヌメロロジーとは何か」から始まり、その人の「性格」・「才能」・「人生の目的」・「魂の求めるもの」などを数から導き出します。さらに、「未来予知」や「相性診断」に至るまで、さまざまなヌメロロジーのテクニックについても紹介します。

　一方、第2部では、より本格的にヌメロロジーを勉強したい人のために、日本ではこれまでほとんど触れられることのなかった、その起源や歴史、さらに進んだヌメロロジーの理論などを詳しく説明します。これまでヌメロロジーの本を何冊も読んだことのある方でも、きっと新しい発見や意外な事実と出会えるはずです。

　以上のような内容の本書は、ヌメロロジーがまったく初めてという方から、もっと専門的に知りたいという方まで、幅広く満足していただけるものとなっていることと思います。

　また本書は、ヌメロロジーに造詣の深い早田みず紀さんとの共著という形をとっています。このプロローグ、及び第1部Ⅰ章、それから第2部は、伊泉が執筆しました。その他の第1部Ⅱ章からⅦ章

までは、早田さんが書いています。

　ヌメロロジーを実践している人の多くは、「数」が送ってくれるメッセージに耳を傾けることによって、日々の人生の中で経験するさまざまな出来事に秘められた特別な「意味」を解き明かすことができると述べています。
　「数が教えてくれる人生の意味」。もしあなたが、この言葉に何か感じるものがあるならば、ぜひとも本書をひもとき、その中に書かれた「数の言葉」にゆっくりと耳を傾けてみてください。もしかすると、「将来の夢や希望」、「恋の悩み」、「人生の進路」など、あなたにとって、何か生きるうえでの大事なヒントとなるメッセージと出会うことがあるかもしれません。
　本書に込められた「数の言葉」が、今を生きるあなたへの貴重な贈りものとなりますように。

伊泉　龍一

Contents 【目　次】

プロローグ（伊泉　龍一）......................... 003
本書の使い方.................................. 013

第1部
I　ヌメロロジーとは？
　ヌメロロジーの起源............................. 020
　数には意味がある............................... 022
　モダン・ヌメロロジーで何がわかるのか？............... 024

II　ライフ・パス・ナンバーが表す
　「人生において、あなたがとおっていく道。才能や能力」
　ライフ・パス・ナンバーとは？....................... 028
　算出方法..................................... 031
　ライフ・パス・ナンバーが「1」の人.................. 032
　ライフ・パス・ナンバーが「2」の人.................. 036
　ライフ・パス・ナンバーが「3」の人.................. 040
　ライフ・パス・ナンバーが「4」の人.................. 044
　ライフ・パス・ナンバーが「5」の人.................. 048
　ライフ・パス・ナンバーが「6」の人.................. 052
　ライフ・パス・ナンバーが「7」の人.................. 056
　ライフ・パス・ナンバーが「8」の人.................. 060
　ライフ・パス・ナンバーが「9」の人.................. 064
　ライフ・パス・ナンバーが「11」の人................. 068
　ライフ・パス・ナンバーが「22」の人................. 072

Ⅲ ディスティニー・ナンバーが表す
「人生の目的。使命。しなければならないことは何か」

ディスティニー・ナンバーとは？ 078
算出方法 081
ディスティニー・ナンバーが「1」の人 082
ディスティニー・ナンバーが「2」の人 084
ディスティニー・ナンバーが「3」の人 086
ディスティニー・ナンバーが「4」の人 088
ディスティニー・ナンバーが「5」の人 090
ディスティニー・ナンバーが「6」の人 092
ディスティニー・ナンバーが「7」の人 094
ディスティニー・ナンバーが「8」の人 096
ディスティニー・ナンバーが「9」の人 098
ディスティニー・ナンバーが「11」の人 100
ディスティニー・ナンバーが「22」の人 102

Ⅳ ソウル・ナンバーが表す
「魂の欲望。人生において何を求めているか」

ソウル・ナンバーとは？ 106
算出方法 109
ソウル・ナンバーが「1」の人 110
ソウル・ナンバーが「2」の人 111
ソウル・ナンバーが「3」の人 112
ソウル・ナンバーが「4」の人 113
ソウル・ナンバーが「5」の人 114
ソウル・ナンバーが「6」の人 115
ソウル・ナンバーが「7」の人 116
ソウル・ナンバーが「8」の人 117
ソウル・ナンバーが「9」の人 118

ソウル・ナンバーが「11」の人............................ 119
　　　ソウル・ナンバーが「22」の人............................ 120

Ⅴ　パーソナリティー・ナンバーが表す
　　「外なる自分。自分が他人にどう見られているか」
　　　パーソナリティー・ナンバーとは？.................... 122
　　　算出方法.. 125
　　　パーソナリティー・ナンバーが「1」の人............. 126
　　　パーソナリティー・ナンバーが「2」の人............. 127
　　　パーソナリティー・ナンバーが「3」の人............. 128
　　　パーソナリティー・ナンバーが「4」の人............. 129
　　　パーソナリティー・ナンバーが「5」の人............. 130
　　　パーソナリティー・ナンバーが「6」の人............. 131
　　　パーソナリティー・ナンバーが「7」の人............. 132
　　　パーソナリティー・ナンバーが「8」の人............. 133
　　　パーソナリティー・ナンバーが「9」の人............. 134
　　　パーソナリティー・ナンバーが「11」の人............ 135
　　　パーソナリティー・ナンバーが「22」の人............ 136

Ⅵ　パーソナル・イヤー／マンス／デイ・ナンバーが告げる
　　「自分のこれから。年・月・日のテーマと課題」
　　　パーソナル・イヤー／マンス／デイ・ナンバーとは？........ 138
　　　算出方法.. 141
　　　パーソナル・イヤー・ナンバーが「1」の場合...... 144
　　　パーソナル・マンス・ナンバー／
　　　パーソナル・デイ・ナンバーが「1」の場合......... 145
　　　パーソナル・イヤー・ナンバーが「2」の場合...... 146
　　　パーソナル・マンス・ナンバー／
　　　パーソナル・デイ・ナンバーが「2」の場合 147

　　　　パーソナル・イヤー・ナンバーが「3」の場合............148
　　　　パーソナル・マンス・ナンバー／
　　　　パーソナル・デイ・ナンバーが「3」の場合.............149
　　　　パーソナル・イヤー・ナンバーが「4」の場合............150
　　　　パーソナル・マンス・ナンバー／
　　　　パーソナル・デイ・ナンバーが「4」の場合.............151
　　　　パーソナル・イヤー・ナンバーが「5」の場合............152
　　　　パーソナル・マンス・ナンバー／
　　　　パーソナル・デイ・ナンバーが「5」の場合.............153
　　　　パーソナル・イヤー・ナンバーが「6」の場合............154
　　　　パーソナル・マンス・ナンバー／
　　　　パーソナル・デイ・ナンバーが「6」の場合.............155
　　　　パーソナル・イヤー・ナンバーが「7」の場合............156
　　　　パーソナル・マンス・ナンバー／
　　　　パーソナル・デイ・ナンバーが「7」の場合.............157
　　　　パーソナル・イヤー・ナンバーが「8」の場合............158
　　　　パーソナル・マンス・ナンバー／
　　　　パーソナル・デイ・ナンバーが「8」の場合.............159
　　　　パーソナル・イヤー・ナンバーが「9」の場合............160
　　　　パーソナル・マンス・ナンバー／
　　　　パーソナル・デイ・ナンバーが「9」の場合.............161

Ⅶ　リレーションシップ・ナンバーで分かる「恋愛の行方〜相性診断〜」

　　　リレーションシップ・ナンバーとは？....................164
　　　1×1, 1×2＆11, 1×3...................................167
　　　1×4＆22, 1×5, 1×6..................................168
　　　1×7, 1×8, 1×9......................................169
　　　2＆11×1, 2＆11×2＆11, 2＆11×3......................170
　　　2＆11×4＆22, 2＆11×5, 2＆11×6.....................171

2&11×7, 2&11×8, 2&11×9	172
3×1, 3×2&11, 3×3	173
3×4&22, 3×5, 3×6	174
3×7, 3×8, 3×9	175
4&22×1, 4&22×2&11, 4&22×3	176
4&22×4&22, 4&22×5, 4&22×6	177
4&22×7, 4&22×8, 4&22×9	178
5×1, 5×2&11, 5×3	179
5×4&22, 5×5, 5×6	180
5×7, 5×8, 5×9	181
6×1, 6×2&11, 6×3	182
6×4&22, 6×5, 6×6	183
6×7, 6×8, 6×9	184
7×1, 7×2&11, 7×3	185
7×4&22, 7×5, 7×6	186
7×7, 7×8, 7×9	187
8×1, 8×2&11, 8×3	188
8×4&22, 8×5, 8×6	189
8×7, 8×8, 8×9	190
9×1, 9×2&11, 9×3	191
9×4&22, 9×5, 9×6	192
9×7, 9×8, 9×9	193

第2部

I　ヌメロロジーの歴史

1　モダン・ヌメロロジーの誕生 ……………………… 198

　　　20世紀初頭に起こったヌメロロジーの革命

　　　すべてはヴァイブレーションである

　　　魂によるヴァイブレーションの選択

　　　　モダン・ヌメロロジーの"公理"
　　　　モダン・ヌメロロジーの「第二の母」
　　2　ヌメロロジーのルーツとしてのピュタゴラス主義.... 212
　　　　アリスモロジー
　　　　ピュタゴラスについて
　　　　ピュタゴラス主義のアリスモロジー
　　3　ゲマトリアの起源..233
　　　　「ピュタゴラスのカバラ」というトンデモ説
　　　　アイソプセフィー
　　　　ヘブライ文字によるゲマトリアの起源
　　　　ギリシャ語聖書とゲマトリア
　　4　ラテン文字によるゲマトリア..........................247
　　　　ローマ人とアイソプセフィー
　　　　ラテン文字によるゲマトリアのシステム
　　　　ピュタゴリアン・システム　VS　カルデアン・システム
　　　　モダン・ヌメロロジーにおけるそのほかのシステム
　　　　獣の数
　II　モダン・ヌメロロジーのさまざまなメソッド 269
　　　　加算メソッドの見直し
　　　　マスター・ナンバーとカルミック・ナンバー
　　　　マチュリティー・ナンバー、ライフ・レッスン・ナンバー、
　　　　バースデイ・ナンバー、ストレス・ナンバー
　　　　コンパウンド・ナンバー
　　　　プレディクティヴ・ヌメロロジー
参考資料一覧 287

エピローグ（早田みず紀）................................... 292
エピローグ（伊泉　龍一）................................... 295
　　数秘術チャート

＜本書の使い方＞

　この本は2部構成に分かれています。

　1部では4つのナンバーについてそれぞれ章を設け、冒頭部分ではナンバーの概略と具体的な算出方法を述べ、その後に各々の数字についての解説がしてあります。

　2部ではモダン・ヌメロロジーの歴史とさまざまなメソッドについて述べております。

　巻末にあるチャートには、あなたが1部で得た数字を記入することができます。

　ここでチャートの作成方法を簡単に説明します。詳しくは本文中の各ナンバーにある算出方法をご覧になってください。

☆ライフ・パス・ナンバー＝生年月日の加算（年＋月＋日）

　モダン・ヌメロロジーの最も基本となるナンバーです。「生年月日」をもとに導き出します。手順は簡単です。生年月日を構成する二桁以上の数を分解し、最後に1～9までのいずれかの一桁の数、もしくは11か22（マスターナンバー）になるまで還元します。

☆ディスティニー・ナンバー
**　＝名前のアルファベットすべての加算**

　ライフ・パス・ナンバーは、「生年月日」をもとにして導き出しましたが、ディスティニー・ナンバーは、自分の「名前（誕生した時に付けられた名前）」をもとにします。

　これは、名前をヘボン式ローマ字で書き、アルファベットと数字を対応させた表をもとに名前を数に変換させます。

ライフ・パス・ナンバーの時とまったく同様に、各々の数を加算し、1～9までのいずれかの一桁の数、もしくは11か22（マスターナンバー）になるまで分解と加算を繰り返します。

☆ソウル・ナンバー＝名前のアルファベットの母音の加算

ソウル・ナンバーも、ディスティニー・ナンバーと同様に、名前をもとにします。ただしソウル・ナンバーは、名前のアルファベットの「母音」のみを加算します。

母音の数をすべて合計し、1～9までのいずれかの一桁の数、もしくは11か22（マスターナンバー）になるまで分解と加算を繰り返します。

☆パーソナリティー・ナンバー
＝名前のアルファベットの子音の加算

ソウル・ナンバーは、名前の「母音」のみを加算することで導き出しました。一方で、パーソナリティー・ナンバーは、名前のアルファベットの「子音」のみを加算します。

子音の数をすべて合計し、1～9までのいずれかの一桁の数、もしくは11か22（マスターナンバー）になるまで分解と加算を繰り返します。

またある特定の年や月、日も数からのメッセージを導き出すことができます。

☆パーソナル・イヤー・ナンバー
　＝誕生月＋誕生日＋ある特定の年
　1から9までの数のみを使います。従って、計算してみると分かるように、パーソナル・イヤー・ナンバーは、1から9までが順に規則的に繰り返されることになります。モダン・ヌメロロジーでは、これをナイン・イヤー・サイクル（the Nine Year Cycle）と呼んでいます。

☆パーソナル・マンス・ナンバー
　＝パーソナル・イヤー・ナンバー＋ある特定の月の数
　パーソナル・イヤー・ナンバーにある特定の月の数を加算します。1〜9の数になるまで分解と加算を繰り返します。

☆パーソナル・ディ・ナンバー
　＝パーソナル・マンス・ナンバー＋ある特定の日の数
　パーソナル・マンス・ナンバーにある特定の日の数を加算します。1〜9の数になるまで分解と加算を繰り返します。

　以上の導き出された数をチャートに記入するとチャートの完成となります。

第一部

Modern Numerology

Lesson I ヌメロロジーとは？

Lesson

■ ヌメロロジーの起源

　プロローグでお話したようにヌメロロジーは、日本では「数秘術」という呼び方で一部の占いファンの間で親しまれている占いです。

　そもそも「ヌメロロジー（Numerology）」という言葉は、ラテン語で「数」を意味するnumeralisに由来します。したがって、ヌメロロジーを日本語に直訳するなら、「数の学」、「数の言葉」といったような意味になります。

　ところで占いに詳しい人の中には、今日のヌメロロジーという占いは、「もともと古代ギリシャの賢人ピュタゴラスにまでさかのぼる」というようなことが、占いの本の中で書かれているのを読んだことがある人もいらっしゃるかもしれません。

　これは半分正しくて、半分間違っています。というのも、たしかに古代ギリシャのピュタゴラス、あるいはその弟子たちは、今日のヌメロロジーのもとになる独特の数の理論を発展させました。そういう意味では、ヌメロロジーの起源をピュタゴラスの名に結び付けることもあながち間違いではありません。けれども、現代ポピュラーになっている占いとしてのヌメロロジーの理論や実践は、ピュタゴラス、及び彼の弟子たちによる直接的な発明ではないのです。

　実のところ、現代の英米で広くおこなわれているヌメロロジーのメソッドが発展していったのは、19世紀末から20世紀前半にかけてのこと。そして、その大部分の理論は、アメリカのミセス・L・ダウ・バリエッタ（1847-1929）というひとりの人物の

ヌメロロジーとは？

手によって生み出されたものなのです。

　ちなみに、バリエッタからの流れをくむ現代主流となっているヌメロロジーは、一般的に「モダン・ヌメロロジー」と呼ばれています。本書で紹介するヌメロロジーも、バリエッタから始まったスタンダードなモダン・ヌメロロジーのメソッドに従っています（こういったヌメロロジーの起源と歴史についてより詳しくは、第２部でお話します。興味のある方はそちらを参照ください）。

　また、本書で紹介するヌメロロジーは、より古い時代の数占いと区別するために、以後、モダン・ヌメロロジーという呼び方をします。

■ 数には意味がある

ここで下記の一覧を見てください。

1　はじまり。独立。革新。リーダーシップ。男性原理
2　調和。結合。人間関係。協力。女性原理
3　真実を語る。イマジネーション。楽観主義。陽気。
　　クリエイティヴな表現
4　建設する。形づくる。ハード・ワーク。持久力。まじめ。
　　実際的
5　変化。移行。進歩的な考え。機知に富む。自由。多才。増進。
6　バランス。育てる。奉仕。責任と義務。家族の力。
　　結婚と別れの数。家庭と仕事の問題
7　分析。リサーチ。科学。テクノロジー。孤独。英知。
　　スピリチュアルな力。調査。神秘主義的。形而上学的。
8　権威。力。財力。ビジネス。成功。物質的価値。組織。
　　自己制御。
9　終わり。ヴィジョン。寛大。変容。スピリチュアルな意識。
　　宇宙。教え。全体性意識。完全性。

＊ここでの数の意味は、Kay Lagerquist, Lisa Lenard, The Complete Idiot's Guide to Numerology, Alpha, 2004, p.39 を参照しました。ちなみに、こういった数の意味については、ヌメロロジストによって若干の見解の違いがあります。

　これは今日のヌメロロジスト（ヌメロロジーを実践している人のこと）が、1〜9までの数それぞれに対して与えている意味です。ちなみにモダン・ヌメロロジーでは、これらの特別な意味を

与えられた1から9までの数を、すべての数の基本要素であるとみなすことから、「ルート・ナンバー」と呼んでいます。
　「数には意味がある」。それが、モダン・ヌメロロジーのもっとも基本となる原則です。この後見ていくように、モダン・ヌメロロジーからのさまざまなメッセージはすべて、ここで列挙したような一桁の数それぞれに割り当てられた意味をもとにして、導き出されることになります。

■ モダン・ヌメロロジーで何がわかるのか？

　ここで、本書のモダン・ヌメロロジーに親しむことで、いったいどんなことが分かるようになるのかということについてお話しておきましょう。

　現代の占いの多くは、人の「性格」や「才能」、「持って生まれた運命」、「未来のヴィジョン」などさまざまなことに答えてくれます。もちろん、ヌメロロジーも同じです。

　ただし、モダン・ヌメロロジーは、明らかにほかの占いと一味違った特徴を持っています。というのも、モダン・ヌメロロジーは、その人の性格や未来について単に答えてくれるというよりも、「今を生きることの意味」や「自分の人生の使命」といった、よりディープなテーマを扱うところに、その特徴があるからです。そういった理由から、ヌメロロジーの実践者のなかには、ヌメロロジーが「単なる占いではない」と主張する人もいるぐらいです。

　また、英米のモダン・ヌメロロジーの本を見ると、「スピリチュアリティ」、「カルマ」と言った宗教的、もしくはニューエイジ的な言葉がひんぱんに登場します。ですから、日本で「精神世界」、あるいは最近では「スピリチュアリティ」と呼ばれる分野に興味を持っている人ならば、モダン・ヌメロロジーが示す「数の言葉」に対して、とても強いシンパシーを感じられるはずです。

　ちなみに星占いでは、自分の性格を知るために、自分の「誕生星座」を調べますが、モダン・ヌメロロジーでは、後ほど説明するある一定の手続きに従って、人生や運命を導く4つの基本となる数を導き出します。

　以下に示したのが、その4つの数それぞれに対する名称と、そ

れらが教えてくれる数のメッセージです。

ライフ・パス・ナンバー
　人生において、あなたがとおっていく道。才能や能力。
ディスティニー・ナンバー
　人生の目的。使命。しなければならないことは何か。
ソウル・ナンバー
　魂の欲望。人生において何を求めているか。
パーソナリティー・ナンバー
　外なる自分。自分が他人にどう見られているか。

　モダン・ヌメロロジーにおいて、これら4つのナンバーは、「あなた自身を知るため」のもっとも基本となる数とされているものです。
　また、そればかりか本書の後半で紹介するヌメロロジーによる「相性」や「未来予知」も、実はこの4つの基本となる数がベースとなります。それぞれの数の導き出し方、及びそれぞれのナンバーに対する詳しい解説は、次章から順を追って説明していきます。

　ここまでは、本書を通してこれからお話するモダン・ヌメロロジーというのが、いったいどういうものであるかを簡単にお話してきました。
　ではさっそく、モダン・ヌメロロジーの実際のメソッドを見ていくことにしましょう。

Life Path Number

II 人生において、あなたがとおっていく道。才能や能力。

Life Path Number 【ライフ・パス・ナンバー】

あなたは、自分自身の才能を深く自覚しているでしょうか？
このように問われて、「わたしには特別な才能なんてないと思う」「才能って言えるほど自信ないわ」……即座にそんなことを感じてしまう人は、ぜひともこのライフ・パス・ナンバーから、あなたの才能を知り、自覚し、引き出していってもらいたいと願います。

その前に、まずは「才能の見付け方」について考えてみたいと思います。
よく、「自分には才能なんてない」という人がいますが、「個性」が人それぞれにあるように、「才能」もすべての人に何らかの形で与えられています。というのも、才能は、磨かれた個性の先にあるものだからです。
では、どうすればその才能を見付けることができるでしょうか？
まずは、あなたが好きなことや、なぜだか分からないけどひかれること、飽きずに続けられることについて頭を巡らせてみてください。それが「才能への道しるべ」となっていることも多いのです。
また、それとは別に「自分では自覚できていないけど、なぜだか縁が生じやすいこと」が鍵を握っていることもよくあります。自分自身が好きなこと、そして縁が生じやすい道、その両方が、あなたの才能を指し示してくれているのです。「好きなことが才能に通じる」、というのは比較的よく知られていることですから、あなたもどこかで耳にしたことがあるかもしれません。ただ、後者の「縁が生じやすい道が才能を指し示す」というのは、意外に知られていないようです。

例をあげてみましょう。

人生において、あなたがとおっていく道。才能や能力。

人生において、あなたがとおって行く道。才能や能力。

　友人で、学生の頃からイラストレーターを目指していた女性がいます。彼女は、大学に通いながら夜間の専門学校でイラストを学び、週に何日かはアルバイトで出版社に出入りしていました。もちろん、いつかイラストの仕事に就くためです。
　大学卒業後も、イラストレーターを目指しそのまま出版社でアルバイトの仕事に励みますが、一向に望む仕事はもらえません。思い余った彼女は、「どうしてイラストの仕事をくれないのですか？　わたしはイラストが描きたいのです」とチーフに強く願い出ます。するとチーフは、何を思ったのか彼女にコピーライティングの仕事を依頼しました。渋々承諾した彼女でしたが、そのコピーはなかなかの評判を得ます。
　その後も彼女は「イラストを描きたい」と思い続けますが、仕事のオファーはライティングばかり。とはいえ、書く度に周囲の人たちからの反響がよいので、いつしか彼女はコピーを書くことが楽しくなっていきました。
　そして現在、彼女はコピーライターとして、自負を持ちながら活躍の場を広げています。

　これは、当人よりも、周りの人のほうがいち早く彼女の才能に気付き、そして彼女がその呼び掛けにこたえていったことで、彼女本来の才能を開花することができた例でしょう。
　多くの人は、才能とは「自分が自覚できる特別な能力である」と考えがちですが、あなたが自覚できるまでには、ある人物との出会いや周囲の人たちからのアドバイス、また降ってわいて生じる出来事や、時には不幸な出来事までもが、あなたをそちらの方向へけん引していくケースもあるのです。言い換えると、「導かれていく道」

によって、自分自身の才能に気付かされることは、ままあることなのです。

　モダン・ヌメロロジーでみる「ライフ・パス・ナンバー」とは、このように、あなたの持って生まれた性質と、それを才能として培っていくために用意される道を表します。
　ライフ・パス・ナンバーは、あなたの潜在的可能性をあなたがより深く自覚し、能力として育てていけるまで、縁を用意し、出来事を与え、「あなたの才能はこちらですよ」とささやき続けることでしょう。
　才能は、自覚すればするほど、そのつぼみを成長させていきます。そして、自覚したうえで磨けば磨くほど、それは世界にふたつとないあなただけの花を開かせ、多くの人を魅了し、人類にとって役立つものとなるのです。
　あなたも、ライフ・パス・ナンバーの教えと導きに耳を澄ませてみてください。自身の性質をより深く理解し、あなたの才能を伸ばす道は、想像以上にあなたをウキウキとさせ、明るい光に満たされていることでしょう。

人生において、あなたがとおっていく道。才能や能力。

モダン・ヌメロロジーの最も基本となるライフ・パス・ナンバーは、「生年月日」をもとに導き出します。手順は簡単です。生年月日を構成する二桁以上の数を分解し、最後に1〜9までのいずれかの一桁の数もしくは11及び22になるまで還元します。

1968年3月9日生まれの人を例にしてみましょう。
① 1968年3月9日を、次のようにすべて一桁の数に分解し、それらをすべて足し合わせます。

$$1 + 9 + 6 + 8 + 3 + 9 = 36$$

②答えは36となりましたが、さらにこの二桁の数を一桁の数に分解し、足し合わせます。

$$3 + 6 = 9 \cdots\cdots\text{ライフ・パス・ナンバー}$$

もうひとつ別の例として、1978年2月10日生まれの人を例にしてみましょう。
① 1978年2月10日という生年月日を、次のようにすべて一桁の数に分解し、それらをすべて足し合わせます。

$$1 + 9 + 7 + 8 + 2 + 1 + 0 = 28$$

②答えは28となりましたが、さらにこの二桁の数を一桁の数に分解し、足し合わせます。

$$2 + 8 = 10$$

③ここではまだ二桁の数なので、さらに一桁の数に分解し、足し合わせます。

$$1 + 0 = 1 \cdots\cdots\text{ライフ・パス・ナンバー}$$

Life Path Number = 01

あなたがとおっていく道 <Parts of Society>

　ライフ・パス・ナンバーに1を持つあなたは、「リーダー的立場」に立つことが多くなりやすいでしょう。
　それは、自ら先頭に立つことを望む場合もあるかもしれませんが、そうではなくても、先生や上司から班長に抜擢されたり、ある大きなプロジェクトをまかされたり。場合によっては、既存のグループや会社から抜けざるを得ない状況になり、独立して仕事を始めなくてはならない展開が待っているかもしれません。

　あなたにはもともと、リーダー性や自立心が備わっています。
　そしてこういった運命は、あなたに、「その能力をもっと養いなさい」といって用意されるもの。あなたが独立心を育て、人類の開拓者になるために与えられる出来事なのです。
　もしあなたが、そのような運命が降り懸かるたびに「人の先頭に立つのは嫌だ」「ひとりで仕事をするなんて不安だわ」と逃げ腰になり、状況を回避しようとすれば、せっかくのナンバーからの呼び掛け――あなたには道を切り開く力がある、に気付くことができなくなり、才能や能力も伸ばせなくなる可能性があります。

　反対に、もし運命に対して積極的に向き合い、周囲の人たちの期待にもこたえたいと立ち上がったならば、みるみるうちに「運命」はあなたの覚悟を支えようと、さまざまな課題を用意してくれるはずです。そしてもちろんサポートや幸運も。
　職場やクラブでは、急に上の人が抜けることになり、あなたにその役目が回ってくるかもしれません。あなたが、自分自身の内側からわき起こる欲求に従って会社を起こせば、その事業はあなたの努

> リーダー性を発揮していく道。ハキハキと活発な気質。
> 自己主張。達成する能力。決断力。

力に応じて、時代をリードするものとなっていくことでしょう。

あなたが集団の中で頭角を現そうと努力すれば、あなたの才能は、あなたの気質の裏付けによって着実かつ確実に磨かれていくことになるでしょう。

気を付けたい一面 <Weak Point>

あなたには、確固とした意志や考えがありますから、人から指図を受けるのはあまり好きではないかもしれません。プライドを傷付けられたと憤慨する恐れもあります。また、追い詰められるとせっかちになる傾向も。

「達成したい」、「1番でありたい」、そういった純粋な欲求があなたを頑なにさせたり、焦らせたりもするのでしょうが、どんな時にも大らかな気持ちでいるほうが得策です。そのほうが高い視点に立つことができ、結果的に、あなたの発想を貫く方法も見えてくるはずですから。

また、道に迷った時には、多くの人のアドバイスや指摘に聞く耳を持つことも大切です。それは、あなたの魂が成長する、大きなきっかけとなるでしょう。

あなたの潜在的能力 <Capacity>

才能が引き出された時のあなたは、目標に向かって突き進む、強い意志と瞬発力を持っているでしょう。そして障害をものともしない、力強いほどのポジティブさも。

あなたは率直で、前向きで、物事をシンプルに解釈します。そして気分が乗っている時には、現実的に有益なアイディアが次から次

へと浮かび、それはあなたの行動力の源となるでしょう。内側からわき出す「あれをしたい」「これをしよう！」という気持ちは、いつでもあなたのカンフル剤です。

　大きな理想に向かって歩んでいく時に発せられる、英雄的なパワーと潔さは、あなたに元来備わっている資質であり、才能なのです。

恋愛 <Love>

　あなたは、恋に対して非常に積極的。「この人は」と思える異性に出会ったら、おくせずひるまず、果敢にアプローチをし始めるでしょう。好きになるタイプは、外見か才能か、少なくともそのどちらかで、「特別に優れている」と思える人。高嶺の花を振り向かせようと、自分の気持ちをストレートに表現します。ひっそりと隠れている石よりも、一目見てそうだと分かる宝石のほうを好みますから、一目ぼれすることも多いでしょう。

　恋に向かう様は情熱的で、障害をものともしません。いえ、もしかしたら、ライバルや親の反対があるほうが余計に燃えてくるのかもしれません。

　交際後は、パートナーをうっとりさせるほどロマンティックな時間をたくさん作るでしょうが、付き合いが長くなるに従って次第にワガママな一面が顔を出してくるでしょう。自分の要求を貫くこと

I have an original power that no one can affect

I know my own heart

I have an energy that nothing can influence

I express my words before anybody around me

I express MYSELF.

を当然としたり、束縛、支配欲、嫉妬など、恋にまつわる激しい感情をあらわにしたりすることもありそうです。また、パートナーのことを縛っておきながら、自分の自由は主張するでしょう。

とはいえ、普段のあなたの建設的で前向きな言動は、パートナーを元気にさせます。正直な性格も、好感をもたれることでしょう。

結婚 <Marriage>

男性の場合は、一家の大黒柱として家族をリードします。ただし仕事に燃えて家にいる時間は短いほう。女性の場合も、外で働くか趣味の会合などで、いつも忙しくしていることでしょう。男女とも、節度を重んじるほうで、家族間で決めた目標に対しても前向きです。しかし、パートナーに意見されるのは嫌うでしょう。

わたしには、何者にもまどわされない独自の力がある。
わたしは自分の中心を知っている。
何からも影響を受けないエネルギーがある。
周りの人たちより、ひと足先に自分の言葉を表明する。
「自分」を、表明する。

Life Path Number = 02

あなたがとおっていく道 <Parts of Society>

　ライフ・パス・ナンバーに2を持つあなたは、人生の中で「人間関係」に多くの時間を割くことになるでしょう。そして、「他者との協調性」や「歩み寄り」を必要とされる場面が多くなりそうです。
　具体的には、だれかのサポート役になったり、権威的な人とチームを組んだりする状況になりやすいでしょう。あるいはまた、独善的な人があなたに近寄って来ることもあるかもしれません。

　そういう時多くの人は、カリスマ性のある人物にのみ込まれたり、反対に、不満を抱いたり、また相手の意図するところを理解できずに悩んだりもしがちですが、あなたは、持ち前の観察力と分析力を生かしながら、相手の意向をくみ取り、協調的な方法を生み出していくことになるでしょう。
　「今、あの人はこんなことを感じている」、「こんなことを言えば、あの人は喜んでくれるのでは？」そういった他人の心の機微を感じ取るのが、生まれながらにして得意なのです。いえ、感じ取ろうとするのではなく、自然に感じてしまうのです。
　そうしながら、あなたはますます人の心や世間の動きへの敏感な感受性を養い、周囲を和ませる技にたけていくことでしょう。

　ただしあなたが、人生の中でたびたび訪れる「他者やグループのサポート役」を引き受けるのを拒否した場合は、あなたの持ち味である「調和する能力」を存分に伸ばす機会を失うことになるでしょう。
　また、あなたが最高に幸せを感じる瞬間───パートナーと喜びを分かち合うこと、を味わうことも少なくなってしまいます。
　あなたが本来の力を引き出すためには、パートナーや周囲の人の

人間関係と協調性を開発していく道。聞き上手。
控えめな気質。敏感な感性。芸術家肌。

存在が不可欠です。そして、あなたの優しさや繊細さを理解してくれる相手と出会うことができれば、あなたにとって最高の幸せを味わうことになるでしょう。

　あなたは、人々に信頼感と安らぎを与えることができる人です。そのことへの自覚と自信を持って、率先して人の助けをしましょう。それが、ライフ・パス・ナンバー2からの呼び掛けに最大限にこたえる道となるのです。

気を付けたい一面 <Weak Point>

　あなたは、大切なだれかのために努力することを惜しみませんが、時にその親切は、相手をコントロールするためにおこなわれることがあります。それでは、いつしか相手もあなたも疲れてしまうでしょう。

　そもそもあなたは、人の気持ちをくみ取る力が飛び抜けて優れています。ですから、あなたが慎重に相手の様子をうかがえば、相手が、何を、どのくらい望んでいるのか明確に分かるはず。干渉が過ぎることは避けられるでしょう。

　また、あなたが相手に合わせ過ぎてしまい、自分自身の考えが分からなくなってしまったり、依存傾向に陥るケースもありそうです。そんな時は、臆病さや不安にとらわれないようにしましょう。バランス感覚を維持することが大切です。

あなたの潜在的能力 <Capacity>

　才能が引き出された時のあなたは、芸術的なセンスを持ち、調和的。そして人々に「いやし」と「和」をもたらすことができるでし

ょう。

　また、「女房役」という女性的な側面だけでなく、共通の目的を持っている人々を集め、まとめていくという力強さも秘めています。

　そんなあなたは、だれかが困難な状況に陥ったり、パニック状態になったりする時ほど、潜在的能力が引き出されていきます。あなたは周囲の混乱に巻き込まれることなく、冷静に状況を把握し、必要なところに必要なだけ手を差し伸べることができるでしょう。

　隣人に対して、穏やかでこまやかな愛情を傾けられる一面は、あなたの本来持っている資質であり、才能なのです。

恋愛 <Love>

　あなたは、好きな相手にピッタリと寄り添う人。恋愛における顔は、交際を始める前も後も同じで、好きな人の意向に沿うよう、自分を合わせていくことでしょう。

　あなたはサポート役を得意とする分、恋人には、やり手で将来有望株であるか、少なくとも自己主張のしっかりした人を望むでしょう。そして結婚相手には、上記の条件に加えて、スマートで優しい人を選ぶことが多いようです。あなたの感受性は繊細で、粗野な相手と共に暮らしていくのは苦痛に感じるからです。

　お付き合いが始まったら、あなたは安心できる関係を強く欲します。相手があなたを不安にさせたり、振り回したりすると、あなた

人生において、あなたがとおっていく道。才能や能力。

> I wish to live with "the truth, the goodness and the beauty"
> Avoid touching any dirty things as much as possible
> Avoid listening any loud noises
> And, I wish to live peacefully with people I like
> In the harmonious world
> Through my life, forever

はひどく疲れて、神経をすり減らしてしまうでしょう。また、あなたは自分が安心できるよう、事前に相手をコントロールしようと試みるかもしれません。相手に尽くし、甘やかし、自分なしでは生活できないぐらいに献身をして。ただし、それが高じて共依存の関係に陥ると、お互いの首を絞める結果になります。少なくとも、相手からの愛を求めるための奉仕はしないほうがよいでしょう。

とはいえ、普段のあなたはパートナーとして完璧。相手の気持ちを敏感に察し、いやす能力に優れているのですから。あなたの冷静で的確なアドバイスも、感謝されることでしょう。

結婚 <Marriage>

男女とも、家の中を居心地のよい空間にする感性にたけています。気分がよくなるように完成させた家で、ゆとりある時間をたくさん持とうとするでしょう。パートナーに対して求めるものは安心感。自身も細かい心配りを示しますが、無視をされていると感じると、不満を爆発させパートナーを驚かせることもありそうです。

わたしは「真・善・美」の中で生きたい。
汚いものにはできるだけ触れないで。
うるさい音には耳をふさいで。
そして、調和の取れた空間で、好きな人と穏やかに過ごしたい。
ずっと、ずっと。

Life Path Number = 03

あなたがとおっていく道 <Parts of Society>

　ライフ・パス・ナンバーに3を持つあなたは、人生のあらゆるシーンにおいて、「楽観性」や「創造性」を発揮することが多く求められるでしょう。そして、喜びと想像力に満ちた人生を送ることになるはずです。

　周りの人たちは、そんなあなたに、アイディアや意見を求めたいと思うでしょう。暗く沈んだムードは、あなたの存在によってパッと明るくなりますし、失敗に落ち込んでいる人は、あなたの気楽な発想によって救われる思いがするでしょうから。

　また、あなたには優れたクリエイティブな感性があります。行き詰まったプロジェクトがあれば、あなたが発する「言葉」によって、これまでのビジョンに新しい命が吹き込まれることになるでしょう。そんな時、あなたは、あなたの思うままに自分の感情や考えを表現することが大切です。「わたしはこんな感じがよいと思うよ」。そんな思いつきの一言が、多くの人々の創造性を喚起するものとなるはずです。

　あなたの中から生まれてくる創造性は、あくまでもあなたの内側にあるもの。そして、それをいかにして周囲に伝えていくかは、あなたにとっての、いわば人生の課題とも言えるものでしょう。

　ただし、注意すべきこともあります。それは、あなたが「物事が完成すること」にあまり重きを置いていないということ。責任を負うのを面倒くさがったり、雑事に巻き込まれるのをおっくうがって、中途半端な段階でサッと身をかわしたり……。しかし、責任を全うしなければ、あなたの持っている能力が、光を浴びることも少

> 人生を楽しむことを愛する道。楽天的な性格。
> 散漫。クリエイティブな能力。社交的。

なくなってしまうということも忘れないようにしましょう。

　あなたは、のびのびと楽しげな気質、そしてオープンな心の持ち主です。ユーモアのセンスやロマンティックな一面もあります。そういった持ち味を生かしながら、人々に明るい未来を示していくことをためらわないようにしましょう。それが、あなたの才能を伸ばすナンバー3から与えられた道なのです。

気を付けたい一面 <Weak Point>

　あなたは、つまらないことに時間と労力を浪費しやすい面もあるのではないでしょうか。空想することばかりに浸って、せっかくの想像力をそこで使い果たしてしまうのです。計画したことを実現するには、実現力がある人のサポートも必要かもしれません。

　またあなたは、楽観的な性格を持ちつつ、実際の困難やトラブルからは、思わず逃げ出したくなる傾向もあるようです。

　「楽しく生きたい」「窮屈なのはイヤだ」と考えるところに端を発しているようですが、問題に直面した時こそ、やるべきことから目をそむけないようにしましょう。

あなたの潜在的能力 <Capacity>

　才能が引き出された時のあなたは、人々を魅了する表現力に優れているでしょう。それはクリエイティブな分野で生かすことができますし、人々を説得する分野でもよいでしょう。

　また、あなたは前向きな発想をすることが多いため、多くの人は、あなたと一緒にいると楽しく過ごせますし、創造性が刺激されるでしょう。そしてやる気が鼓舞されたりもするのです。

　あなたが無邪気に振る舞い、そして思ったままのビジョンを口に

していくことで、たくさんの人に刺激を与えることになります。遊び、ロマンス、喜び、明るい事柄、そういう人生のポジティブな部分に光を当てられるのは、あなたの資質であり、才能なのです。

恋愛 <Love>

　あなたは、とても社交的で楽観的。胸踊る恋を存分に楽しむ素質に恵まれています。それは愛や人間の深みを知るような恋愛というよりも、多少緊張感が残るトキメキやユーモアに満ちた関係。恋人の気をそらさない技にもたけているでしょう。あなたは、相手を楽しませ「ほら、自分と一緒にいると、こんなに愉快な時間を過ごすことができるでしょう？」と、相手をひきつけ魅了します。

　好みのタイプは、明るくて、一緒に遊ぶことができて、そして多くの異性からモテる人。それはつまり、あなた自身と似ているタイプということになります。多少、ナルシスト的な要素を持っているのかもしれません。

　お付き合いが始まった後も、あなたは態度を変化させないほうですが、刺激のない関係に落ち着いてくると、浮気の虫がうずき出しそうです。ただし、パートナーにも自分の世界観があり、それが社会的にも認められるほどであれば、あなたの好奇心は常にくすぐられ続け、パートナーを支えることもいとわないでしょう。

人生において、あなたがとおっていく道。才能や能力。

I create pleasure
To share it with people
I imagine
To connect it to express myself creatively
I am living in the pleasure
Let many people come into this circle of joy

あなたは、楽しむ事のためにはお金を惜しみなく使うため、倹約家のパートナーであれば眉をひそめることになりそうですが、それでも、あなたが提供するイベントには、皆大いに満足することになります。

結婚 <Marriage>

　男性の場合は、楽しいことを優先させる傾向が強く、それが外の世界にあれば家庭生活をおろそかにすることも。しかし、男女とも子ども好きで、よき父親、母親になるでしょう。また、ホームパーティーや旅行を好み、家庭に多くのイベントを提供し、家の中を活発なムードにすることでしょう。

わたしは楽しさを生む。
生み出したそれは、人々と分け合う。
わたしは空想をし、それをクリエイティブな自己表現につなげる。
わたしは喜びの中にいる。
輪には、大勢の人を誘い入れよう。

Life Path Number = 04

あなたがとおっていく道 <Parts of Society>

　ライフ・パス・ナンバーに4を持つあなたは、発想や考えられたものを、「現実的な形」に残していく方法を身に付けていく人生が用意されています。

　アイディアをどう組み立てれば実現するのか？　バラバラなものをどのように管理すればうまくまとまるのか？　あなたの立場が上昇し、固まっていくほど、そういった案件を考えるシーンが多くなるでしょう。

　いえ、たとえまだ立場が固まっていなくても、あなたが普段から現実的な視点を持っていることには違いないでしょう。空想世界や神秘的なものよりも、目の前にある確かなものを大切に扱い、物質的なものの重要さを知っているはずです。

　あなたは、このようにしっかりとした価値観を持ち、人よりも堅実に生きていこうとする傾向があります。ですから、人々は何かとあなたを頼ってくるでしょう。特に「資金繰りに困っている」とか、「どうすれば仕事が効率的にはかどるか」など、より具体的な相談が多そうです。

　こうして、あなたはますます組織の現実的な推進力、実行力となって、ゆっくりとその地位を不動のものとしていくのです。

　ただし、そこに至るまでには少々時間が掛かりそうです。ナンバー4は、あなたの忍耐力や着実性をいっそう引き出していくために、やったらやっただけの成果を少しずつ、時間を掛けて与えてくることになるでしょうから。若いうちは、土台作りの期間とも言えるでしょう。

現実的な行動力を発揮していく道。まじめな性格。
頑固。合理的な能力。信頼される。

　ただし、途中、あなたが慎重になり過ぎて、責任を負う立場になることをちゅうちょしたり、頑固な一面が出て人の助けになるのを拒んだりした場合は、ナンバーから与えられた道——現実力を養う、を歩んでいくことができなくなってしまいます。
　あなたには目標に向かって、一途に突き進んでいく行動力があります。変化を恐れず、あなたにとってのチャレンジを受け入れていきましょう。また、自分の考えを執ように固持したり、頑迷になることも避けるようにしましょう。
　あなたのその頼もしい実際性は、あらゆるステージで社会に生かしていくべきですし、それがナンバー4から与えられた道でもあるのです。

気を付けたい一面 <Weak Point>

　あなたは伝統にとらわれるあまり、決まりきった考え方や、偏ったものの見方に執着することがあるかもしれません。そういったきまじめさもあなたの信頼性を培っているとはいえ、行き過ぎると偏狭で堅物な人物だと受け取られかねません。
　柔軟なものの見方ができなくなった時には、一度立ち止まって、ゆっくりと目線を変えてみてください。すると徐々にではありますが、違う価値観に納得できるようになるでしょう。
　また、現実的な制約にとらわれ、希望や夢を抑えがちになる傾向もありそうです。あなたの能力は「実現力」。そのことを忘れずに、積極的な人生を歩んでいってください。

あなたの潜在的能力 <Capacity>

　才能が引き出された時のあなたは、なんとなくこちらがよいというような漠然とした感覚や、あいまいな勘などに頼ることなく、事実に基づいて考える知恵があるでしょう。それは、より具体的で賢明な方法を選ぶことにつながっています。

　また、目の前のすべきことを、てきぱきと処理する実務能力に優れています。そして努力を惜しまず、建設的に働くこともできます。何か目標や夢を持ったならば、具体的な計画を立て、それをひとつひとつこなしていく人なのです。

　用心深く保守的ながらも、効率的な方法を楽々と考え出し、実行にうつしていけるセンスは、あなたの素晴らしい才能といえるでしょう。

恋愛 <Love>

　あなたは、恋に関してまじめで奥手でしょう。おそらくは、出会ってすぐに恋に落ちるということはめったになく、「いいな」と思ってからもじっくりと相手を観察し、徐々に自分の気持ちを高めていくことになりそうです。

　また、交際に至るまでも、あなたはとても慎重に相手を見極めようとするでしょう。あなたの場合、お付き合いをする時点で、将来の結婚まで視野に入っていますので、考え深くなるのも当然かもし

人生において、あなたがとおっていく道。才能や能力。

I seek the things with shape
So I work steadily for it
I seek the stability of my future
So I follow the formality

れません。自分と同じように堅実な価値観を持っている相手にひかれますが、もし相手が浪費家だったりするとひどくあわてることになります。ただし、賢明な人生を歩んできたあなたは、時に奔放な異性やアウトロー的な生き方を選択しているタフなタイプにひかれることも。そういった場合は、嫉妬心に駆られて束縛したくなったり、小うるさくなったりして相手をうんざりさせがち。手綱は適度に緩めたほうが、関係は長続きするでしょう。

あなた自身は、浮気をしないタイプ。もしほかのナンバーに自由や刺激を求めるナンバーが入っていれば、ある日突然道を踏み外すようなこともあるかもしれませんが、本質的には、恋人や家庭を大切にする気持ちの強い人でしょう。

結婚 <Marriage>

家庭の安定を第一に考え、男性の場合は安定的な会社で懸命に働き、女性の場合は、家を守るよき妻、よき母になるでしょう。男女とも、甘いムードを作るのはあまり得意ではなく、特に愛の言葉を伝えるのは省略しがちです。しかし、貞操観念が強く、まじめな価値観はパートナーを安心させるでしょう。

わたしは「形あるもの」を求める。
そのためにわたしは、堅実に働く。
わたしは「将来の安定」を求める。
そのためにわたしは、形式に従う。

Life Path Number = 05

あなたがとおっていく道 <Parts of Society>

　ライフ・パス・ナンバーに5を持つあなたは、慣習に従わない「自由さ」と恐れに負けない「冒険心」を養うため、変化に満ちた人生を歩むことになるでしょう。

　あなたは好奇心旺盛で、人生のありとあらゆる体験に心ひかれるほうでしょう。刺激的な出会い、旅行、恋などは、あなたにとって、なくてはならないイベント。

　情愛の炎が点火された時は、ライバルがいようと周囲の反対があろうと、またたとえ道ならぬ恋であっても、そんな障害は意に介さないことでしょう。

　また職場を選ぶ時も、多くの人が望むような「安定的な会社」や「名のある企業」へのこだわりは少ないほう。むしろ業種にとらわれることなく、さまざまな人と出会い、いろいろな場所を訪れ、多くの仕事に携わることのできる会社のほうが、魅力的に感じるかもしれません。

　そういった変化と刺激を求める性格は、あなたの持って生まれた資質ではありますが、運命は、その性質をさらに後押しするため、あらゆる事件を舞い込ませてくることになるでしょう。

　だれもが将来有望と思っていた会社に就職したのなら、ある日突然会社が倒産してしまう、旅行に出れば、あなたの魅力にひかれてアバンチュールを求める異性が現れる……。そんな予測不可能なハプニングが、人生においてたびたび訪れるはずです。

　それらは、あなたに「もっと活発に動きなさい。そして自由な精神を培いなさい」というナンバーからの呼び掛けなのです。恐れずちゅうちょせず、あなたの魂が引っ張られているその体験に、身を

リスクを恐れず冒険心を養っていく道。衝動的な性格。
浮気っぽい。魅力的。スピーディー。

投じていくとよいでしょう。あなたにとって「変化すること」は、「変化によって学ぶこと」なのです。

　ただし、あまり快楽主義に陥ると、何をするにも飽きっぽくなり、うんざりとした毎日を過ごすことになるので注意しましょう。
　あなたは、常に活発に、人生の変化を自由に探求していく人。それが、ナンバー5からの呼び掛けであり、あなたの資質を最大限に伸ばす道なのです。

気を付けたい一面 <Weak Point>

　刺激を求めることが過剰になると、落ち着かない性質ばかりが前面に出てきてしまうかもしれません。就職してもほかの仕事が楽しそうに見えたり、いざそちらの仕事に就けば、もっと別のことがやりたくなったり……。そしてまた、刺激を求める性格は、時に現状に不満を抱くだけの破壊性へとつながりかねません。
　このように、移り気が高じると、結果的に真の意味でのチャレンジ精神や冒険心も養えなくなる恐れもあります。というのも、何ごとも、ある程度はそこにとどまっていないと本質にまでたどり着けないからです。
　この変化によって何を知りたいのか、また知り得たのか、常に自分を省みるように心掛けましょう。本来は、変化の積み重ねが、あなたを成長させるのですから。

あなたの潜在的能力 <Capacity>

　才能が発揮された時のあなたは、自らの喜びや興奮をダイレクトに発散し、人々をひき寄せる魅力を放つでしょう。本能に忠実で、

楽しいことや気持ちよいことを素直に感受できる性質が、そのような色気をまとわせるのです。

　また、あなたにはチャンスを見逃さないアンテナがあり、直感に従いスピーディーに波に乗る大胆な行動力も持ち合わせています。そんな時のあなたはまるで、「不可能」という言葉を知らないかのよう。果敢に進む、攻めの人生を楽しむでしょう。

　リスクや失敗を恐れず、深い生きがいを求め変化し続けるあなたは、人々の持つ思い込みや、あなた自身の限界を、ひとつひとつ解き放っていくのです。

恋愛 <Love>

　あなたは、情熱的で奔放な恋をするでしょう。本能がはじけるまま、すぐに恋愛感情が芽生えるため、短い恋を繰り返したり、複数の相手と交際することもあるかもしれません。好みのタイプは、自分に新しい世界を提供してくれる人や、セックスアピールの強いタイプ。特に後者のタイプを恋人にした場合、仕事も日常も忘れ、すっかりのめり込んでしまう可能性が……。欲望と感情の赴くままに相手にぶつかっていくことでしょう。

　また、あなたは交際後、しばらくすると意識は外へと向かうようになりそうです。あなたは恋愛シーンに限らず、常に変化や刺激を

人生において、あなたがとおっていく道。才能や能力。

I look for myself
So I seek freedom and the change to find it
I will meet my true heart during this process
I am not afraid of a risk
Because the adventure is always carry a risk

求めているため、関係が安定してくるとまた違う「冒険」を探し始めるのです。もし、パートナーが保守的できまじめな人ならば、あなたは自分の自由を獲得するために奮闘することになり、嫉妬深い相手ならば、互いに疲れ果ててしまうことでしょう。といっても、あなたの性的魅力は、それでも多くの異性を引き寄せ、つなぎとめてしまうのですが。

恋人との関係を安定させるには、胸がときめくような刺激的なイベントを、デートに多く盛り込む必要があります。その際、体を動かしながら楽しめる、旅行やスポーツなどは特におすすめです。

結婚 <Marriage>

男女とも、パートナーには性的相性がよく、かつあなたの自由を理解してくれる相手を選ぶ必要があるでしょう。また、ナンバー5の人は衝動的にスピード結婚する人も多いのですが、ある程度関係を築いてからか、いくらか年齢がいってからの結婚のほうがよさそうです。パートナーや子どもには、広く大きな視野を提供するでしょう。

わたしは自分を探す。
そのために自由と変化を求めよう。
その中でこそ、真の自分に出会えるはずだ。
わたしはリスクを恐れない。
冒険は、常にリスクと共にあるのだから。

Life Path Number = 06

あなたがとおっていく道 <Parts of Society>

　ライフ・パス・ナンバーに6を持つあなたは、「人々の役に立つ人間」になるべく人生を歩むことになるでしょう。そのためには、責任感と愛情深さ、そして人々に導きを与えることのできる知恵を養わなくてはなりません。

　責任感がなければ、親切をするにも中途半端になってしまいます。愛がなければ、他人の利益を優先することができません。知恵がなければ、人に役立つ教えを提供することができません。ナンバー6がもたらす運命は、それらについて学ぶ機会をあなたに提供し続けることになるのです。

　家族の中では、弟や妹、親の世話をすることになるかもしれません。学校や職場では、グループのまとめ役や世話役に。恋人との関係では、パートナーというよりも、親のような役割を担うこともありそうです。また、他者に対する共感と思いやりにあふれることから、結果として、カウンセラーやセラピスト的な能力を発揮する場合もあるでしょう。

　ただし、あなたは責任感が強いあまり、逆に責任を回避したいという衝動に駆られることもあるかもしれません。「最後まで全うできないのではないか」、「満足してもらえる仕事ができないのでは?」そういった不安に負けてしまうのです。

　また、あなたは強い防衛心を持っていて、身近な人以外に心の扉を開くのを拒むことがあります。そうした場合は、あなた本来の優しさが隠れてしまい、人々を教え導く能力も伸ばすことができなくなるでしょう。

奉仕の精神を発揮する道。愛情豊か。責任感の強い性格。
心配性。導く能力。家庭的。

　あくまでもあなたは、人との誠実な関係の中でこそ、あなた自身の心が安らぎ、また才能を伸ばす機会にも恵まれる人。あなたは、自分を頼ってくる人の存在によって「自分も頑張ろう」と思えるのです。その人が成長していく姿を見て、非常に嬉しく感じることでしょう。

　自身の喜びや学びの機会ともなる、人を守り、導いていくことをちゅうちょしないようにしていきましょう。それが、思いやりと教育することを学んでいく、ナンバー6からあなたに与えられた道なのです。

気を付けたい一面 <Weak Point>

　あなたは、時として犠牲的な人生を歩んでしまう恐れがあります。それは、「困った人をサポートしなくては」といった思いや熱意に端を発しているのですが、あまりにバランスの取れない関係を続けていると、相手の人の依存的な性質のみを引き出していくことになります。常に相手から必要とされている状態に安心するのはよくないこと。タイミングを計りながら厳しい顔をすることも大切なのだと知りましょう。

　また、人に多くを求めてしまう傾向を持つため、教え導くつもりが口やかましくなってしまうこともありそうです。自分のことを「アドバイス好き」だと自覚する人は、少し抑え目にしたほうがよいかもしれません。

あなたの潜在的能力 <Capacity>

　才能が発揮された時のあなたは、他者のために働き、周りの人々に安らぎと導きを与えます。家庭を守り、仲間を大切にし、正義と

理想を愛するでしょう。

　あなたは、心を込めて対象とかかわり物事を成し遂げようとし、そして問題が生じた時には、それを自ら引き受けて解決のために奔走します。

　いずれにせよ、あなたは利己的な目的のみで動くことは、ほとんどありません。教育やボランティアの現場では、あなたほど優秀な人材はなかなか見付けられないのではないでしょうか。あなたの、周囲の人々を温かく見守る優しさは、あなたの持って生まれた資質であり、才能なのです。

恋愛 <Love>

　あなたは、好きな人を慈しむ、母性的・父性的な恋をするでしょう。「守ってあげたい」「大切にしたい」そういう感情が、恋に発展することが多いのです。

　好みのタイプは、愛情を惜しみなく注げ、また返してくれる人。そして信頼できる人です。あなたと同じように心根の優しい人に好意を寄せることも多いでしょう。ただし、時にはあなたからエネルギーを奪うだけの困った相手に、どうしようもなくひかれてしまうことも。そういう場合は、たとえその相手が自己中心的で自分本位な言動ばかりする人であっても、あなたは相手の発言や行動を善意に受け止め、なるべく役に立とうと努力を重ねることになりそうで

人生において、あなたがとおっていく道。才能や能力。

> I protect people I love
> By attention, by wisdom, and by love
> I lead people
> By maintenance the road, by taking their hand,
> And by walking together

す。ですが、一方通行の関係はどこかで無理が生じます。尽くす側に傾き過ぎないよう、バランスを保つことが大切です。

　また、あなたは恋人を親身に思うあまり、時々口うるさくなることもありそうです。相性のよい相手ならば、そんなお小言も笑って聞いてくれるでしょうが、もし、あなたのアドバイスを煙たがり、さらにはあなたを無視して、常に不安にさせる相手ならば、もしかしたら相性がよくないのかもしれません。あなたの利他的な優しさに甘えず、反対に慈しんでくれるパートナーであれば、ふたりの関係は長く続いていくことになるでしょう。

結婚 <Marriage>

　愛情をたっぷり表現するあなたは、よき夫（妻）、そしてよき親になるでしょう。男女とも、面倒見がよく、自分自身や身近な人の健康面にも心を配ります。ただし、心配性の一面もあり、時に厳しくなり過ぎることもありそうです。家族を思いやる気持ちが強く、一日のうちで、家族団らんの時間がもっとも安らいだ気持ちになるでしょう。

わたしは愛する人を守る。
注目によって。知恵によって。愛によって。
わたしは人々を導く。
道を整え、手を引き、共に歩むことによって。

Life Path Number = 07

あなたがとおっていく道 <Parts of Society>

　ライフ・パス・ナンバーに7を持つあなたは、神秘的な雰囲気を持っています。そして人生や宇宙の深い部分を、ひたすら探求し続ける人生を歩むことになるでしょう。

　たとえまだ、あなたがその対象に巡り合っていないとしても、すでに分析することや観察すること、また学ぶことが好きではないでしょうか？　おそらくこれから、特別に掘り下げていきたい分野が、ひとつやふたつ見付かっていくことになるでしょう。

　また、それは既存の価値観や世界観からは少し離れたものかもしれません。というのも、ライフ・パス・ナンバーに7を持つあなたは、目に見える世界を超えた物事に強い関心を示す傾向があるからです。占いや心理学、宗教、哲学、また深みを研究することであれば、科学や物理もその守備範囲です。

　このように、物質的なものへの欲望よりも、専門的な技術を身に付けることを望むあなたは、質素でもよいから、ひとり静かな場所で過ごしたいと望むようになるかもしれません。そしてきっと、あなたはそれを叶えるだけの方法を考え出すでしょう。

　こうして、あなたが知的探求の人生を歩み続けると、運命も、それを応援するかのごとくチャンスや幸運をもたらしてくれるはず。そしてあなたの生活と精神の自立を支える物質や金銭は、あなたの技術や専門知識によって生み出されることになるでしょう。

　ただし、あなたは人や社会に対して自分を閉ざし過ぎる傾向もあります。その傾向が顔を出し、引きこもりがちな生活に入ってしまうと、あなたのせっかくの研究成果を世に生かすことができなくな

探求し続ける道。神秘的な雰囲気。
エキセントリックな一面。極める能力。分析的。

———

ってしまうので注意しましょう。

　あなたは、常識的な発想にとらわれることなく自分の問いをどこまでも掘り下げていくことができる人。それを社会に役立てる道を探ることも、あなたに与えられた課題です。そのことを忘れずに、あなたの能力を存分に引き出していくようにしましょう。

気を付けたい一面 <Weak Point>

　「思考すること」に慣れているあなたは、自分の本当の思いや感情を、おろそかにしがちかもしれません。ただしそれでは、人の愛情や温かみを感じづらい人間になってしまいます。

　また、疑い深い傾向を持つあなたは、猜疑心（さいぎ）によって大切な人に悲しい思いをさせてしまうこともあるかもしれません。たとえひとりの時間に困らない思索家のあなたであっても、完全な孤独までは望まないはず。人との関係は断ち切らないようにしましょう。

　また、神経質な一面やいら立ちやすい傾向も持っているあなたですが、そういった性質が強くなっていると感じた時は、自然の豊かな場所に行き、ひとり穏やかな時間を過ごすようにしましょう。

あなたの潜在的能力 <Capacity>

　才能が発揮された時のあなたは、周りの人たちが一目置くスペシャリストになっているはずです。あなたは個性的で深みがあって、真理や真実を見抜く観察力や分析力に優れているのです。

　また、あなたは極めて直感的で、その裏付けを可能にする優れたリサーチ能力を持っています。直感に導かれて適切な「答え」に向かうことのできるセンスは、研究者として最適な条件であると言えます。

あなたの持つそれらの能力と、人生の深みに対する知的欲求が結び付けば、夢や幻想など、神秘的な事柄や形而上学への鋭い洞察を得られることでしょう。あなたのひとつひとつの能力はすべて、あなたを一段高いところに押し上げる素晴らしい才能なのです。

恋愛 <Love>

あなたは、恋愛に対して少々クール。恋に対して、できる限り客観的にとらえようと努めるでしょう。というのも、あなたは自分が感情に支配されることを嫌うからです。常に理性的でありたいのです。好きな相手とも適度に距離を取り、物理的にも精神的にも、お互いの領域を侵さない関係に持ち込もうとすることでしょう。そしてそのほうが、あなたが自分の恋心を自覚するのにも効果的です。ひとりで過ごす静かな時間の中で、あなたは相手のことを思い出し、「好きだ」という気持ちを高めていくのですから。

好みのタイプは、特には決まっていませんが、あなたに甘えてくるばかりの相手や、あなたがひとりになりたい時に邪魔をしてくる人は苦手でしょう。もしそういう相手との付き合いが始まっても、あなたは自分の領域をきちんと守り続けるでしょう。また、相手の知性が高かったり、会話が面白かったりするなど、あなたに精神的な刺激をもたらしてくれる相手であれば、交際が長続きしそうです。

My desire for wisdom does not fade
I do not settle down till everything is solved
And above all,
It is very thrilling to reach the mystery of space
I surly get the "Real"

あなたが研究や趣味への傾倒が強い場合は、恋人を作らないケースも考えられます。そういう場合は、挨拶する程度の異性や、数回食事をしただけの相手を恋人に仕立て、空想の中だけで恋を楽しむ、とてもロマンティックな人となるかもしれません。そうでなくても、あなたは好意ある相手の行動を観察し、あれこれ分析し、想像することを好むでしょう。

結婚 <Marriage>

ひとりで過ごす時間と、ひとりきりの空間を必要とするあなたは、結婚相手にもそのことを理解させます。特に男性の場合、パートナーに対して感情的になることは滅多になく、怒りをあらわにするとすれば、それはずいぶん心を許している証拠です。多少素っ気ない面もありますが、伴侶に忠実で、淡々と家庭を守っていくでしょう。

わたしの知識欲は枯れない。
すべてを解明できるまでは、落ち着かないんだ。
そして何より、宇宙の不思議に手を伸ばすのは最高にスリリング。
わたしは、かならず「本物」に行き着く。

Life Path Number = 08

あなたがとおっていく道 <Parts of Society>

　ライフ・パス・ナンバーに8を持つあなたは、現実的な世界での「権威」と「力」を身に付け、物質的な成功を手に入れるでしょう。
　あなたは、人にコントロールされる状況は我慢ならないのではないでしょうか？　また、プロジェクトが無駄にダラダラと進行すると、いても立ってもいられないほどイライラしてくることはないでしょうか？　そしてまた、自分の働きが、お金や権威に結び付かないと分かると、途端にやる気が出なくなることはないでしょうか？
　そういった、あなたが避けたくなるような状況を作らないようにしていくと、あなたは自然とナンバーが用意した人生を歩んでいくことになります。あなたは、生まれながらの統率者なのです。

　実際、力が発揮された時のあなたは、物事やグループをとり仕切る手腕と、それらを達成まで導く実行力を持っています。そのパワフルさは、周りにいる人のだれの目にも明らかですから、身近な人たちはあなたを頼りにし始めるでしょう。
　もしまだ、あなたが社会的に高い地位に就いていないとしても、これから上昇していく素養は十分に垣間見えているはずですし、少なくとも、すでに友人や家族の中では、あなたが仕切り役になっていることでしょう。

　ただし忘れてはならないことがあります。それは、運命があなたに権威や物質的成功をもたらそうとするのは、それらを手に入れるまでに養うべき、あなたの才能を伸ばしていくためだということ。ただパワーを振りかざせばよい、ただお金を稼げばよい、といった権力主義や拝金主義に陥ってしまっては、あなたの素晴らしい統率

　　　　　力を手にしていく道。パワフルな性格。権威的。
　　　　　　人を使う能力。仕事好き。実行力。

力や問題解決能力が、人々にとって価値のないものになってしまいます。それでは、いつしかあなたの成功も泡のように消えてしまうでしょう。

　あなたは、組織や集団のために、リーダーとなって達成まで導ける能力があります。そしてまた、手掛けたことはすべて成し遂げようと努力できる人です。そうしたあなたらしさをいっそう引き出していくことが、ナンバー8から与えられた道であり、あなたが充実した人生を歩むことのできる方法でもあるのです。

気を付けたい一面 <Weak Point>

　あなたはパワフルなエネルギーと人の内面を見抜く洞察力があります。そして、時々それを使って人をコントロールしたり、高圧的になったりすることもあるかもしれません。ただし、あなたの本来の働きは、人ではなく、事態をコントロールすることだということを覚えておくようにしましょう。

　またその反対に、つらい状況に追い込まれた時のあなたは、みるみるうちに自信を喪失して、引っ込み思案になる傾向もあります。

　あなたのパワーは、自分の能力への信頼と勤勉な努力から生まれます。それらの点を失わなければ、悪い性質が顔を出すこともなくなるでしょう。

あなたの潜在的能力 <Capacity>

　才能が引き出された時のあなたは、常に現状よりも上の地位を目指し、確実に上り詰めていく努力をします。必要とあれば人の2倍でも3倍でも働くでしょう。そういった肉体的、精神的タフさは、生まれながらにして与えられているのです。

また、あなたには他人の長所を見抜き、適材適所を見極めることのできる天性のセンスと、ビジネスや社会の動向をキャッチするアンテナを持っています。大会社の社長になることも夢ではないでしょう。

自身はもとより、多くの人と物質的成功を分かち合えることが可能なのは、あなたに与えられた天賦の才能なのです。

恋愛 <Love>

あなたの恋の進め方には波があるでしょう。とても大胆で積極的な時と、シャイになって受身に回る時と、状況や相手によって変わってくるのです。それは決して計算的なものではなく、あなたはそもそも、自信満々な時と自信を失っている時の差が激しいのです。本当に好きな人の前に出ると、途端に恥ずかしくなって消極的になりがち。ですが、相手にも自分への好意があると分かると、本来の自信を取り戻し積極的に転じます。また、ハンターの目で異性を狙っている時は、堂々とアプローチしていくことでしょう。あなたのあまりの一生懸命さに、相手が情にほだされることも多いようです。また、先に相手からアプローチされて徐々に好きになっていく時は、あなたの持つ保護本能が刺激されて、その人を包み込むような愛し方をするでしょう。

I achieve the goal

And accomplish my wish

I make unlimited effort for it

And I do not give it up

Because difficulty and trouble will become my blood and meet

I stand higher place without fail

好きになるタイプは、あなたの上昇志向を満足させる地位や名誉のある人か、あなたと対等に向かい合えるようなエネルギーあふれる相手、もしくはあなたが主導権を握ることになる、おとなしいタイプに分かれるでしょう。
　交際が始まれば、相手を真剣に、またまじめに愛しますが、あなたは元来、根っからの仕事好き。パートナーとも仕事面でのかかわりがあるほうが、一緒に過ごす時間を長く持てることでしょう。

結婚 <Marriage>

　男性の場合、仕事に集中し、忙しくしていることが多いでしょう。女性の場合も、仕事を持っていれば同様で、そうでなくても、家の中でじっとしている時間は少ないでしょう。男女とも、パートナーからコントロールされるのを嫌い、自分のほうが主導権を握ろうとします。子どもを持ったら、威厳のある、頼りになる親となるでしょう。

> わたしは達成する。思いを遂げるのだ。
> そのための努力ならいくらでもする
> 諦めたりはしない。
> 何せ障害や困難は、わたしの血や肉となるのだから。
> わたしは、かならず高みに立つ。

Life Path Number = 09

あなたがとおっていく道 <Parts of Society>

　ライフ・パス・ナンバーに9を持つあなたには、あらゆる種類の人たちと出会い、あらゆる出来事に遭遇し、そうしてすべてのものに対する「理解」と「共感」を学んでいく人生が用意されています。

　あなたが体験していくことは、時に非常にドラマティック。ある時は大恋愛を知り、ある時は大赤貧を味わいと、その振れ幅も大きいことが予想されます。そんな時、あなたは自分の人生に対して投げやりになるでしょうか？　隣人を憎むようになるでしょうか？

　答えはもちろんNOです。

　あなたにはとてもナイーブなところがあるため、しばらくの間は深く考え込むことにもなるかもしれませんが、根っこのところは人道主義者であり、愛にあふれた哲学者です。痛みを味わえば、同じ痛みに苦しむ人々を慈愛で包むことができるようになり、喜びを知れば、神の存在に感謝するようになるでしょう。

　そしてあなたの目線は、いつも広く高く設定されているはず。個人的な問題に強く執着しないのもそのためで、自分ひとりの利益に固執しないのも、そういう思想からです。

　いえ、実のところを言えば、あなたが狭い視界できゅうきゅうとならないための訓練が、運命の中で与えられてきたため、もしくはこれから与えられるため、かもしれません。

　かつて、心から大切だと思ったものを、手放さざるを得なかったことはありませんか？　環境やどうにもならない状況によって、夢を断たれたことはありませんか？　それとも、あまりにつらい境遇の人と出会い、人生や神の存在について真剣に考えたことがあるかもしれません。あなたは、そういう深い思索や体験を通じて、知恵

> 人道的な理想を希求していく道。寛容な性格。
> 哲学的。ドラマティックな人生。思いやり。

を蓄え、寛大で豊かな精神を身に付けてきたのです。

　もしまだ、あなたの理解力が成長していない場合は、混乱した思いや優柔不断な面が出やすいかもしれません。ですが、あなたの本質は、人生で出会うものすべてを「愛」に還元できること。ナンバー9から与えられる多種多様な運命を通じ、あなたは普遍的な愛を体現していくことになるでしょう。

気を付けたい一面 <Weak Point>

　あなたは消極的な面が出てくると、何においても決断できず、前に進むことができなくなる傾向があります。それは特に、あなたがまだ納得できていないことを、だれかに無理やり強要された時に起きやすいでしょう。きちんと断ることもできず、かといって相手を説得することもできず、ついには神経が張りつめて現実逃避したくなるのです。また、ナイーブさが顔を出して、悲観的になったり気分屋になったりすることもあるでしょう。そんな時は、まずは心の平安を保つように努めましょう。そうすれば、あなた本来の穏やかさが取り戻せるはずですから。

　また、日常的なことや細かな事柄に目を配るのはあまり得意ではないかもしれません。しかし、しっかりと地に足を着けることも、時に非常に肝心なことになるでしょう。

あなたの潜在的能力 <Capacity>

　才能が引き出された時のあなたは、自己と他者、また宇宙に対して愛のある理解ができます。そしてすべてのナンバーに深く共感することができるでしょう。

　というのも、ナンバー9は、ナンバー1からナンバー8までの

Modern Numerology

すべての要素を内包しているから。あなたは、人々の普遍的なニーズを理解し、大勢の人の望みを叶えてあげたいと欲することでしょう。そしてその利他的な精神は、すぐに多くの人にも伝わり、理想を追求する人々への励みにもなります。

　あなたは、想像力が豊かな理想主義者です。あなたの持っているアンテナは、この世のすべてのものが、今よりもよりよくなるために使われていくのです。

恋愛 <Love>

　あなたは、どこか友愛的な恋をするでしょう。ひとりの人として興味を持った相手と、精神的なきずなを深めながら愛する感情を高めていくのです。それはどことなく穏やかな印象がありますが、心の中は熱く深い感情が渦巻いているはずです。ですが、相手の前ではその内面はぐっと抑え、爽やかな態度で接していくことでしょう。

　好みのタイプは、精神性が豊かであなたと話が合う人。ですが、あなたは、自分でも気が付かないうちに身近な人に感化されていく傾向があるため、その時々によって好きになる相手も変化しそうです。愚痴や不満ばかり口にする人や、後ろ向きな人を恋人にすることもありますが、そういうタイプはやめておくほうが賢明でしょう。

　あなたは理想家肌で精神的にも優れたものを持っていますが、人

人生において、あなたがとおっていく道。才能や能力。

I share with people
The heart, the mechanism of the world, and the truth of god
I deepen understanding
And grow up to such a person
To forgive all, and to wrap everything gently

そのものに興味があり、気が変わりやすいために、浮気をすることも考えられます。また、あなたはあらゆるタイプの異性と分け隔てなく接していくため、出会いも多いのです。あなたはたくさんの人と、心と体験を重ねていくことで成長し喜びを得ていくため、出会いを狭めることは難しいはずです。1対1の親密な関係を望む相手とは、いつか離れていくことになるかもしれません。恋人には、あなたのオープンマインドな愛情を理解してもらうようにしましょう。

結婚 <Marriage>

　男女とも、寛容で視野の広い夫（妻）、そして親となるでしょう。ただし、あなたは、精神的に成長していく中で、人生に対するスタンスや生き方がどんどん変化していく傾向があります。するとパートナーは、置き去りにされていくような不安感を覚えるかもしれません。共に過ごす時間をふやしましょう。休日は、芸術的な活動や、大勢の人と交わる行事にいそしむことになるでしょう。

わたしは人々と分かち合う。
心を、世の仕組みを、神の真理を。
わたしは理解を深め、そして成長する。
すべてを赦し、すべてを包み込む、そんな人間に。

Life Path Number = 11

あなたがとおっていく道 <Parts of Society>

　ライフ・パス・ナンバーに 11 を持つあなたは、スピリチュアルな視点を養いながら、それを人々に「伝えて」いく人生を歩いていくことになるでしょう。

　また、ナンバー 11 は、1 ＋ 1 ＝ 2 となり、ナンバー 2 の要素も多分に持っています。両ナンバーとも、繊細で鋭敏な感受性を持っている点や、優美なものや調和の取れた状況を好む点はそのまま同じです。また、あなたがまだスピリチュアリティに目覚めていない場合は、ナンバー 11 よりもナンバー 2 からのメッセージのほうがピンと来るかもしれません。あなたが「本来の自分」を自覚するに従って、自身の中に眠る 11 の特徴を理解できるようになっていくでしょう。

　ナンバー 11 は、ナンバー 22 とともに「マスターナンバー」（272 頁参照）と呼ばれています。周囲の人々を活気付けるエネルギーを持ち、内面には強い理想を抱いています。そしてしばしば、それを果たすための「使命感」に駆られることもあるでしょう。あなたは、世の中の細部や自分の内面に啓示を見いだし、それらを「行動に移さなくては」「実現させなくては」と思うのです。

　はたから見ると、それら啓示は、とても主観的なことかもしれません。ですが、あなたにとっては非常に重要なこと。もしあなたがその「啓示」を無視し続けた場合は、肉体的、精神的なストレスに悩まされるようになるのですから。

　あなたは、そんな自分自身の扱いに悩んだり、妙な焦燥感を感じることもあるかもしれません。実際、あなたは非常に敏感で、熱狂

スピリチュアルな視点を伝えていく道。
インスピレーション。過敏な気質。女性的。

的で興奮しやすい性質を持っています。激しく高揚したかと思うと、ひどく落ち込んだりして、そうした極端な内面の揺れは、本人も苦労するところでしょう。

ただし、その大きな振れ幅の中から、サイキックなまでの鋭い感覚が目覚めたり、いっそう磨かれていったりするのです。そしてまた、起こる出来事の「意味」を見いだそうと内省したりするようにもなるでしょう。

こうして多様なインスピレーションを感じ取るようになったあなたは、今度は、あなた以外のほかの人々がスピリチュアルな目覚めを経験するきっかけを与える人となるでしょう。

それは、あなたが意図しようと、しなくても、です。あなたのスピリチュアルで活力ある生き方が、人々の人生や価値観にも大きな影響を及ぼしていくのです。

気を付けたい一面 <Weak Point>

あなたは、特別に強い感受性を持っているために、神経を張り詰めやすく、ストレスに弱い傾向があります。自ら居心地のよい環境を作り出すか、探すようにしましょう。自然が豊かな場所も有効です。

また、あなたは精神性に傾き過ぎて、実現しそうにないことに夢中になったり、空想や幻想の世界に没頭することもあるかもしれません。そして自意識過剰な性格が表に出てくると、ごう慢な優越感を抱くようになったりも……。

平凡の中にある高尚さや、足もとにあるものの大切さに気付くようになると、あなたの感性はさらに洗練されたものになるでしょう。

あなたの潜在的能力 <Capacity>

　才能が発揮された時のあなたは、人々の注目を集めていることでしょう。というのも、あなたのオーラは人一倍強く、魅力的で洗練された外見をしているからです。

　あなたは、非物質的な存在や目に見えない世界のことを感じ取れるアンテナを持っています。人のオーラが見えたり、天からのメッセージを聴き取ったり、共時性（心に浮かんだことと現実の出来事が一致すること）にすぐさま気付いたりもするでしょう。

　そして、あなたは強烈な信念の持ち主でもあります。その意志の強さから、権力や物質、お金といったものを超えたところにある価値観を、多くの人々に伝えていけるのです。

恋愛 <Love>

　あなたは、感情を激しく揺さぶりながら、熱しやすく、そして冷めやすい恋をするでしょう。直感を重視するあなたは、好きだと思ったら一気に感情が高ぶりますが、相手にすでに恋人がいると分かったり、自分に関心がないと知ると、すぐに「その気のないフリ」を自分に言い聞かせることもできます。あなたは、何より自分を1番に愛してくれる相手を求めているため、それが無理だと分かると即座に引いてしまうのです。好きになった相手の気持ちがよくつかめない時は、幾度か、押しの強いアプローチをすることもあるかも

人生において、あなたがとおっていく道。才能や能力。

I receive divine revelation
As an inspiration, awareness, and voice of my mind
I open the eyes of my heart
And scoop the truth that lie in the mystery
To indicate the signs that exist many in the world

しれません。

　交際後のあなたは、パートナーに常に注目していてもらいたいと望みますが、それが叶えられた後は、穏やかな愛情を返します。また、ナンバー11は、ナンバー2の性質も持っており、恋人と親密になるにつれて、そちらの性質が表に出てくるようになります。相手に寄り添い、相手を気遣い、そして相手に甘えます。ただしナンバー2との違いは、親密な交際を望む割には、ひとりの時間を持ちたがったり、ほかの異性からの注目も求めてしまう点。それでも、あなたは魅力的で強いオーラを持っているため、パートナーはそんなあなたを受け入れてしまうことでしょう。複雑で繊細なあなたを、理解し応援してくれる相手が、あなたにとってのよき伴侶と言えるでしょう。

結婚 <Marriage>

　男女とも、信頼し合える関係を望みます。また、あなたは感情の起伏が激しいため、それに動揺したり振り回されたりしないパートナーを選ぶ必要があるでしょう。パートナーが困った時には、直感による鋭い洞察を与え、いつの日か、精神的に指導的役割を担っていることになるでしょう。

わたしは天啓を受け取る。
直感として、気付きとして、心の声として。
わたしは心の目を開き、神秘に眠る真理をすくおう。
世の中にたくさんある徴（しるし）を、開示するために。

Life Path Number = 22

あなたがとおっていく道 <Parts of Society>

　ライフ・パス・ナンバーに 22 を持つあなたは、大きな理想を日常の生活の中で実現させる人生を歩むことになるでしょう。
　あなたはとても有能で勤勉です。夢を単なる夢で終わらせることなく、人生の中で自分の可能性のすべてを発揮することもできます。それを叶えていくことに、あなたは全力を注いでいくことになるでしょう。

　ただしそれは、あなたが途中で諦めたり、妥協してしまうケースを除いてです。
　あなたの理想は非常に大きく高いことが予想されますから、それを現実化するまでには時間も掛かり、数多くの困難も待ち構えていることでしょう。ナンバー 22 を持つ人は、素晴らしい強運に恵まれていますが、同時に、学びの機会としてたくさんの障害やトラブルも用意されているのです。
　壁にぶつかった時、「しょせん無謀な願いだったのだ」などと悲嘆に暮れたりせず、大きな活躍ができるようになるまで、ひとつひとつ解決させて、一歩一歩成長していってください。

　また、ライフ・パス・ナンバー 22 は 2 ＋ 2 ＝ 4 で、ナンバー 4 と共通する性質を多く持ちます。まずは互いに有能で、気質が堅くまじめであるという点。そして自らの目標を達成させるための手段・方法が、現実社会に即しているという点です。そして両ナンバーの決定的な違いは、ナンバー 22 は最終目標を「精神的なもの」に置くのに対し、ナンバー 4 は最後まで「現実的」であると言えます。

理想を現実化させていく道。実際的。
不可能を可能に変える力。合理的な性格。頑固。

　また、ナンバー22はナンバー11と並んで「マスターナンバー」（272頁参照）として、人々を教え導く使命も持っています。おそらくあなた自身、「自分には何か大きな使命がある」と、常日頃から感じているのではないでしょうか。もしかしたら、自分の理想を掲げることを義務として感じることさえあるかもしれません。
　そして、あなたのその考えは間違ってはいません。あなたのパワフルな活力と、効率的で実際的な手腕をつかって、この現実世界にスピリチュアルな原理を持ち込むことが、あなたに与えられた道なのです。

気を付けたい一面 <Weak Point>

　あなたは、時にひとりよがりな考えに陥ることがあるかもしれません。そんな時のあなたは、とてつもなく頑固で、周囲のアドバイスには一切耳を貸さず、自分の意見を頑なに固持することでしょう。
　ただし、あなたの理想や信念を周囲の人たちに理解してもらうには時間が掛かります。そのことをしっかりと肝に銘じて、まずは現実を動かすことに尽力を注ぐほうが得策でしょう。
　また、なかなか変わらない現状に対していら立ちを感じ、夢を忘れて、目先のことにとらわれるようになるとよくありません。自分の使命を常に意識しておくように。そのほうが、あなたの精神状態も活気に満ちて良好に保てるでしょう。

あなたの潜在的能力 <Capacity>

　才能が発揮された時のあなたは、エネルギッシュで、奉仕的で、理想に燃えるマスターです。そして高次の知恵と直感から与えられたビジョンを、現実のものとすることを可能たらしめるでしょう。

現実社会で舞い込んで来るさまざまな試練は、あなたにとっての学びの機会。真剣に受け止め、負けることなく立ち向かっていくこととなるでしょう。そしてその結果、あなたは有能さと実践力、そして勇気と器の大きさを手に入れるのです。

　あなたは、信頼を寄せる身近な人たちをとても大切にします。もし、その人たちが困ったことになった場合は、自分の利益など一切顧みず、すべてを捨ててでも助けようとするでしょう。あなたは、人類にとっても、そして身近な人たちにとっても、スーパーマンのような存在なのです。

恋愛 <Love>

　あなたは、好きな相手に全身全霊で情熱を捧げる恋をするでしょう。あなたは不道徳な関係をよしとしませんから、既婚者や恋人がいる人はその限りではありませんが、特に問題がない場合は、ひとたび好きになると全力投球でぶつかっていきます。あなたのストレートな思いは、常に相手を圧倒することでしょう。

　好きな人が、仕事上のトラブルを抱えていたり、苦しんでいる時は、あなたの腕の見せどころ。現実的な解決法を見付け、テキパキと処理していくでしょう。あなたは誠実なだけでなく、頼もしく、実際面における技量もずば抜けているのです。

　ナンバー22はナンバー4の性質と同じ面も多く、それは関係が

人生において、あなたがとおっていく道。才能や能力。

I have a vision
The vision is an ideal, a target, and a mission
To lead the vision to the "reality",
I work hard for it

親密になるほど表に出てくるようになります。家の中では、頑固で堅苦しい一面をのぞかせそうです。

あなたは、いったん交際が始まると長続きさせようと努力をします。それはまるで、「別れることは絶対的な悪だ」と信じ込んでいるよう。ですが、情熱の冷めた相手にいつまでもしがみつくのは、あなたの持つ大きなエネルギーの無駄遣いでもあり、見切りを付けることも大切です。あなたの献身的で崇高な愛は、一個人というよりも、世の中全体に向けられるべきでしょう。

結婚 \<Marriage>

男女とも、パートナーに嘘をつかず、パートナーのためによく働き、パートナーを裏切ることもないでしょう。しかし、頑迷な一面もあり、パートナーの要求に常にこたえようとするわけではありません。特に、金銭面では倹約家でしょう。子どもを持つと、まるで「親の手本」のような振る舞いのできる人です。

わたしはビジョンを抱く。
ビジョンは、理想であり、目標であり、使命でもある。
ビジョンを、「現実」のものとする。
そのためにわたしは、懸命に働く。

Destiny Number

Ⅲ 人生の目的。使命。しなければならないことは何か。

Destiny Number 【ディスティニー・ナンバー】

　ディスティニー・ナンバーとは、あなたの「人生の目標」や「この世における使命」を教えてくれるものです。とりわけ、あなたの「社会的な役割」を知ることができるでしょう。
　ディスティニー・ナンバーは、あなたの気質や才能とは違って、あなたがこの世に生まれた時に名付けという儀式を介して与えられた、あなたの「運命」。
　ライフ・パス・ナンバーによって培われた才能や能力を使って、今度はこの人生において、ある運命的な使命を果たしていくことになるのです。

　ここで、ディスティニー・ナンバーとライフ・パス・ナンバーとの違いを、もう少し分かりやすく説明しておきたいと思います。
　知人で、とても料理が得意な女性がいます。彼女は、子どもの頃から非常に味覚がすぐれていて、初めて食べるメニューでも、最初の一口で調味料のすべてを言い当てられたと言います。
　そのセンスは、大人になるに従ってますます磨かれていき、今ではすご腕のコックに負けない料理を披露してくれます。彼女のすごいところは、たまたま冷蔵庫にある数種類かの食材から、フレンチ、和食、エスニック、イタリアンと、どんなジャンルのメニューでも、要求に合わせてササッと作ってくれるところ。しかも、5〜6種類のお皿を！
　そんな、料理上手な彼女ですが、現在彼女は、調理人でも、料理研究家でもありません。かつては、そちらの方向性を目指そうかと考えた時期もあったと言います。ただ、ほんの少しそちらの道に進み掛けた時、「何かが違う」と感じたのだそうです。「料理を仕事にするのは、何かが違う……」と。

人生の目的。使命。しなければならないことは何か。

人生の目的。使命。しなければならないことは何か。

　そう気が付いた彼女は、改めて保育士の勉強を始め、保育園で働くようになりました。料理は、週末ごとに友人を家に招き、そこで腕を振るえれば満足なのだそうです。だれが見ても彼女に料理の才能があるのは確かなことですが、彼女自身は「この世における役割は別のところにある」と感じたのでしょう。
　彼女は、小さな子どもが楽しくしている姿を見ているととても心が安らぐと言います。そして、自分が子どもたちにそういう場と時間を提供できた時、非常に誇りを感じられるとも。彼女にとって、最初からスルスルと得意であった料理は、あまり手ごたえを感じられないものだったのかもしれません。確かに、その能力は素晴らしいものでした。ただ、さらに充実感を感じることができ、そして「もっと頑張りたい」「もっと成長したい」と彼女自身の向上心を満足させるものは、幼児教育の分野だったのでしょう。

　もちろん、人によっては自分の好きなこととやりがいを感じられることがそのままつながっていることもあります。昔から書くことが好きで小説家になったり、人に何かを説得するのが得意な人が営業マンになったり。そういう場合は、ライフ・パス・ナンバーとディスティニー・ナンバーが同じであるか、あるいは矛盾の少ない数が配置されているのでしょう。
　そしてもし、ライフ・パス・ナンバーとディスティニー・ナンバーとの性質に矛盾が多い場合は、自分の進むべき方向性に多少迷いが出る時期があるかもしれません。文章を書くのは好きだけど、どうも机の前に長い時間座っているのは苦手だとか、人に何かを伝えるのは得意だけど、物を売るのは好きじゃないとか。
　例に挙げた彼女同様、才能やセンスとこの世における役割が違う

こともある、のです。

　ただし、そうした場合も、自分のライフ・パス・ナンバー（性格的な資質）とディスティニー・ナンバー（社会的な役割）を存分に伸ばしていけば矛盾は徐々に減り、むしろ両方のナンバーが補い合ったり、プラス作用を施し合ったりするようになるでしょう。

　モダン・ヌメロロジーでは、この矛盾を解決した後のナンバーを「マチュリティー・ナンバー」と呼び、ライフ・パスとディスティニーそれぞれのナンバーを足した数から求められます。（※詳細は275頁をご参照ください。）このナンバーは、社会的役割を果たす過程で確立されていく、人生の最終地点、あるいは最終的な実現力を示すナンバーです。

　ただし、まずはあなたのライフ・パス・ナンバーとディスティニー・ナンバーをよく理解しておくことが大切になります。というのも、その両方のナンバーの能力を使っている中でこそ、「マチュリティー・ナンバー」も発揮されるようになるからです。

　あくまでもマチュリティー・ナンバーは、あなたが自分の能力を使い、進むべき道を歩んでいることで引き出されていくナンバー。そのことを忘れずに、まずは次に続くあなたのディスティニー・ナンバーのページに目をとおし、ナンバーが告げるこの世の役割を、あなたの魂と共振させてみてください。

人生の目的。使命。しなければならないことは何か。

ライフ・パス・ナンバーは、「生年月日」をもとにして導き出しましたが、ディスティニー・ナンバーは、自分の「名前（誕生した時に付けられた名前）」をもとにします。
　まずは下の図を見てください。

```
1 2 3 4 5 6 7 8 9
A B C D E F G H I
J K L M N O P Q R
S T U V W X Y Z
```

　これは、数とローマ字のアルファベットの対応を示したものです。たとえば、図を見ると分かるように、A・J・Sは1に、B・K・Tは2に対応しています。モダン・ヌメロロジーでは、このルールに則って名前を数に変換していきます。

　たとえば、「こまくさたろう」という名前を例にしてみましょう。
①ヘボン式ローマ字で綴った名前を、先ほどの図をもとにして数へと置き換えます。

```
  TARO    KOMAKUSA
   ↓         ↓
  2196    26412311
```

②ライフ・パス・ナンバーのときとまったく同様に、各々の数を加算し、一桁の数になるか11及び22になるまで分解と加算を繰り返します。

$$2+1+9+6+2+6+4+1+2+3+1+1$$
$$=38$$
$$3+8=11\cdots\cdots\text{ディスティニー・ナンバー}$$

Destiny Number = 01

あなたの使命、社会的役割 <Parts of Society>

　ディスティニー・ナンバーに1を持つあなたのこの世における役割は、人々の先頭に立つこと。そして、自分の信念に従って人生を歩んでいくことです。あなたには、自身の内側から自然と沸き起こってくる前向きな信念があり、その一点だけを見つめて、前に進んでいくことができるのです。

　ただし、あなたは人やグループの前面には立っても、後ろを気にしたりしないかもしれません。というのも、あなたが得意とすることは「自分ひとりで突き進んでいくこと」と「旗を持って人々をけん引すること」であって、人の面倒を見たり、人を育てたりすることとは少し違うからです。とはいえ、あなたがひとたびリーダー性を発揮したなら、多くの人が後ろから付いていきたいと望むはずです。

　そして周囲の人たちのサポートは、あなたにとっても有益であることが多いでしょう。あなたのことを応援してくれる声は、何よりあなたの励みになりますし、あなたの足りないところをナチュラルにフォローしてくれる仲間がいれば、あなたはますます快調にやるべきことに集中できるでしょうから。

　また、あなたは自分と肩を並べることができる、能力ある人物を見抜く力にも優れています。あなたは、実力ある相手と意見交換をしたり、ブレーンストーミングをしながらイメージを広げていくことに、このうえない喜びを感じるでしょう。

　そして直観力にも冴えているあなたは、次にするべきことは何か、また何をしたら建設的であるかを、その場その場で、瞬時に判断できます。

人生の目的。使命。しなければならないことは何か。

先頭に立つ人。人々をけん引する役割。時代をリードする使命。

そのアイディアを滞らせることなく即座に行動に移していくと、自然と、あなたは「この世における役割」を果たしていくことになるでしょう。

このように、あなたには物事を順序立ててスピーディーに推し進めていく力がありますが、進行中に何らかの壁にぶつかってしまうと、せっかちになったり、必要以上に意固地になったりする傾向もあるようです。逆に、気分が乗らずに勢いづかない時は、途端に内気になったり、優柔不断に陥ることも……。

やる気が出ない時も一定の継続力を持つこと、そして障害にぶつかっても忍耐強く慎重に進めることができれば、あなたは素晴らしい成果を残していくことができるはずです。

恐れず、勇気を持って最初の一歩を踏み出すこと、そしてそれを推進させていくことが、あなたに与えられたこの世での役割、使命なのです。

適職、天職 <a Fitting Job, Mission>

あなた自身が先頭に立って活躍する仕事。人々に指示を出す仕事。時代をリードする職種。アイディアを出す人。自営業。起業家。フリーランス。出版。イベント業。発明家。スタイリスト。

あなたは、内面に「強さ」を携えています。
前進する力、勇気、前向きさ、そして開拓する力。
みんなは、あなたのすっと伸びた背筋に光を見ます。
自信をもらいます。
その凛とした力で、未来に新しい風をもたらせて。

Destiny Number = 02

あなたの使命、社会的役割 <Parts of Society>

　ディスティニー・ナンバーに2を持つあなたは、社会活動の中でも、とりわけ「対人関係」に焦点が当てられることになるでしょう。役割としては、人と人の間に立ち調整をしたり、だれかのサポートをしたりしながら、共感する優しさを発揮することになります。

　あなたは、自分を強く押し出すことなく、他者の主張にじっくり耳を傾けることができる人です。そして、その相手があなたを必要とする時には、そっとそばに寄り温かい言葉を投げ掛け、反対に必要としていない時には、心の状態をいち早く察知してすっと離れることもできるのです。

　あなたがそこにいるというだけで、相手はいやされ、勇気付けられることもあるでしょう。

　仕事としては、表舞台よりも裏方に回りやすく、人の心を読みながら的確なアドバイスができる能力を生かし、地位ある権力者の参謀となったり、秘書やカウンセラー的な職業に就くこともありそうです。いやしの能力から、ヒーラーになることも可能でしょう。

　また、感性が際立っているあなたは、デザインの世界にも向いています。美しいものを求める気持ちが強く、空間や音、色、匂いに敏感なあなたは、芸術家かアーティスト、そうでなくても、人が「心地よい」と思う場所や物を作るのが得意でしょう。

　それら感受性の鋭敏さと、人当たりの柔らかさを掛け合わせると、インテリアコーディネーターやスタイリスト、あるいは何かのガイド役になるのもおすすめです。

　ただし、あなたは傷付きやすい性格なためか、少々引っ込み思案

人間関係を大切にする人。聞き役。他者をサポートする使命。

になりやすい傾向があります。ちょっとしたことで人から批判されたり、後ろ指をさされるのではないかと考え始めたりすると、途端に二の足を踏んでしまうのです。

　だれであっても、社会の中で自分の能力を発揮するには、ある程度の勇気と決断力が必要とされます。時には人前に立つことを求められたり、自分の意見を貫くべき場面も出てくるでしょう。そんな時、恐怖に負けてやるべきことから逃げたり、夢をあきらめたりしないよう、心にとめておく必要があります。

　あなたは、人との和を保ちながら、客観的で冷静な意見を伝えることのできる人です。神経質になったりせずに、あなたの役割を、自信を持って果たしていきましょう。

適職、天職 <a Fitting Job, Mission>

　人やグループを調整する仕事。人をサポートする仕事。居心地のよい空間を作り出す仕事。秘書。経理。各種アドバイザー。カウンセラー。コーディネーター。ガイド。美容師。デザイナー。

　　　　あなたは安らぎの波動を持っています。
　　　そしてあなたのハートは、共感に満ちています。
　　　　あなたの波動は隣人へと伝わり、
　　　そして多くの人の魂に安らぎをもたらすのです。

Destiny Number = 03

あなたの使命、社会的役割 <Parts of Society>

　ディスティニー・ナンバーに3を持つあなたのこの世における役割は、多くの人に喜びを提供すること。
　「ほら、人生はこんなにも楽しく、ユーモアと光、創造性に満ちているんだよ。」
　これはあなたが発している無言のメッセージ。周囲の人は、あなたのそばにいるだけでそのように感じられるのです。
　あなたは人生に対して明るい展望を抱いていて、根拠などなくても、これからよいことが始まるだろうという期待感にワクワクしています。反対に、暗い面にはあまり目を向けようとはしません。そもそも向ける必要がないと思っているのでしょう。
　ともすればそれは、現実や自分自身のネガティブな側面からの逃避にもなりかねませんが、前向きなことだけを考える姿は、悩む人の心をすっと楽にしているのもまた事実です。

　また、あなたはとても生産的。いつも新しいアイディアにあふれて、頭の中は今後の計画でいっぱい。にもかかわらず、何か好奇心を刺激されるものに出会うと、即座に計画を変更して早々に次なるアクションに移っていきます。それは移り気だからでしょうか？ あるいは忘れっぽいのでしょうか？　いえ、あなたは、瞬時の直感を最優先する人なのです。
　そんなあなたは、地道で変化の少ない仕事よりも、動きの多い仕事のほうが向いているでしょう。また、華やかな業界や機転を必要とされる業種も適職です。人脈作りが得意なことを生かし、大勢の人間や有力者を巻き込みながら、斬新なアイディアのプロジェクトに取り組むと、才能を世に広めやすいかもしれません。

社交的な人。喜びをもたらす役割。創造する使命。

　マスコミ関係の仕事や、時代の最先端の仕事、デザイナー、企画を立てる仕事も合っています。また、話すことや書くこと、人を説得するセンスも持ち合わせているあなたは、コピーライターや落語家、リポーターなどにも向いているでしょう。

　ただし、細かい仕事や持久力を要求される仕事は少々苦手かもしれません。どんな仕事も、ある程度の面倒くささは付きものですから、信頼を失ったりしないよう、一度始めたことは最後までやりとおし、煩雑な仕事もこまめに処理していくよう心掛けましょう。
　あなたは、優れたユーモア感覚を持ち、弁が立ち、人をひきつける能力の高い人です。周囲の人たちを元気にさせる使命は忘れずに、後はあなたの思うがまま、明るい世界を創造していってください。

適職、天職 <a Fitting Job, Mission>

　表現力を生かせる仕事。人と接する仕事。時流に乗っている仕事。楽しい職場。マスコミ関係。俳優。写真家。編集者。コピーライター。イベンター。司会者。ホテルマン。ツアーコンダクター。

あなたはエンターティナー。
ユーモアがあって、表現力が豊かで、のびのびとしていて。
あなたは、この世に喜びをもたらす人。
その幅広い創造性を、もっと言葉にしてください。

Destiny Number = 04

あなたの使命、社会的役割 <Parts of Society>

　ディスティニー・ナンバーに4を持つあなたの役割は、伝統や常識、ルールを守ることによって、この世に「安定」をもたらすことです。

　また、あなたの視点は非常に安定志向でリアリスティック。危険は避け、無駄なことは省き、他者の抱いているあいまいさには「秩序」を、理想や夢には「形」を与えます。

　と同時に、それは単なるアドバイスにとどまらず、だれよりもあなた自身が、現実的で堅実な仕事ぶりを発揮することでしょう。多くの人は、あなたを安定感のある人だとか、信頼の置ける人だと賞するはずです。

　仕事面では、それらの評価によって、時間は掛かっても着実に高い地位に上がっていくことが考えられます。実際、あなたは人を管理したり、マネージメントすることも得意でしょう。ただし、管理職に就いたあなたは、少々手厳しい上司になる傾向もあるようです。たまには手綱を緩め、風とおしのよい職場環境を作るようにするとよいでしょう。

　また、あなたは空想や想像物よりも、目で見て、手でさわることのできる「形あるもの」を重視する傾向があります。そのため、業種は不動産や建設関係、物を扱うメーカーなどがおすすめ。また、「答え」がはっきりと出る科学の分野や、数字を扱う銀行や経理の仕事なども性に合うでしょう。将来の安定性を考えて、公務員や行政機関を選ぶこともあるかもしれません。

　気を付けたいのは、あなたのきまじめさや一途さが裏目に出た時。普段は頭が固く融通が利かない面があるあなたですが、その

堅実な人。安定をもたらす役割。物事を組み立てる使命。

分、一度よいと思ったらわき目もふらずその対象に傾とうしてしまうこともないではありません。

　だれよりも現実的だったはずのあなたが、カルト宗教にはまったり、異性に貢いだり、健康を害するほどジムに通い詰め、のめり込んだり……。そういう時は、心にゆとりを持たせ一歩引いた目線になれば、本来の冷静さと現実感覚を取り戻すことができるでしょう。

　そんなあなたの一途さは、もちろん、あなたの長所でもあります。枠組みに従っているはずが、純粋な気持ちで懸命にコツコツと続けるうちに、いつのまにか壁を突破し新しい発見をもたらすこともあるでしょう。それは、忍耐力と持続力のあるあなただからこそ成せる業。"継続は力なり"なのです。

　あなたは、あなたなりの視点、「現実と今」に目を向け、やるべきことに力を注ぎましょう。

適職、天職 <a Fitting Job, Mission>

　物を組み立てる仕事。数字を扱う仕事。安定的な職場。資格を使う仕事。大企業。管理部門。金融。マネージャー。経理。会計士。庶務。秘書。デスクワーク。建設業。建築家。公務員。行政機関。

あなたは生産する人。
努力を嫌わず、地道さを尊び、約束を重んじます。
あなたは常識を意識し、伝統を守ります。
そうしながら、現実の中で生きていく力を、
いっそう強めているのですね。

Destiny Number = 05

あなたの使命、社会的役割 <Parts of Society>

　ディスティニー・ナンバーに5を持つあなたのこの世における役割は「自由」を享受すること。

　どこか楽しそうに聞こえるでしょうか？　しかし、そうとばかりも言っていられません。ほかのナンバーの人であればちゅうちょしてしまうようなことでもあなたは勇気を奮って飛び込んでいくことになるのですから。

　「自由」は常に自己責任が伴い、「変化」は往々にしてリスクを伴います。あなたは自分の中にある制限と弱い心をひとつひとつ取り払い、自分の直感と本能に従って人生を開拓していくのです。

　仕事に関しては、あなたはいくつもの職種や職場を経験することが予想されます。冒険家や俳優のように、その仕事そのものが「変化すること」である場合は、ひとつの仕事を続けることも考えられますが、ただやはり、そういった職に出会うまでには、少なくとも2、3のバイトやパートなどを経験しているはず。順応性の高いあなたのことですから、転職による苦痛はさほど感じないでしょう。それよりもむしろ、刺激のないルーティンワークを続けるほうが、拷問にも近い苦痛を感じてしまいそうです。

　また、あなたはさほど地位や名誉にこだわるタイプではなく、高尚なことよりも、どちらかというと世俗的なことに興味をひかれる傾向があります。職業を選ぶ際も「自由にできそうか」、「収入はよさそうか」、「面白そうな人にはたくさん出会えそうか」、そういった要件のほうに意識が向かいがちかもしれません。

　あなたの将来の夢は、どこか放浪者的です。いつか仕事を辞めて

度胸のある人。変化する役割。既存の価値観を打破する使命。

世界中を旅したい。旅先で出会う人と友だちの輪を広げていきたい。あらゆる山を制覇したい。そんな冒険心を常々抱きながら、日常を送っているのかもしれません。あなたのロマンとのびのびとした想像力は、あなたの魅力を引き出す要素のひとつになっているでしょう。

そんなあなたは、ナンバー3の人同様、少々忍耐力に欠ける傾向があります。また、衝動に駆られた時には労を惜しみませんが、そうではないやるべきことは先延ばしにしがち。周囲の人から「無責任だ」とか「考えがコロコロ変わる」などと言われたら、注意信号が点滅していると思って身を引き締めましょう。

とはいえ、日常に満足して決まりきった日々に埋没し、そつなく人生を送るのではあなたの使命は全うできません。わき起こる衝動を「変化」への原動力として、既存の価値観を塗り替え、世のとらわれを払しょくしていってください。

適職、天職 <a Fitting Job, Mission>

変化の多い仕事。ロマンがある仕事。冒険家。プロサーファー。アルピニスト。俳優。スポーツ選手。接客業。広告関係。セールスマン。旅行代理店。講演業。タレント。エンターティナー。

あなたはチャレンジャー。そして勇気ある破壊者。
壊しているのは今の自分。向かっていくのは新しい自分。
弾けるような刺激に向かって、あなたは進んでいくのです。
恐れを持たず、後ろを振り向くこともなく。

Destiny Number = 05

Modern Numerology

Destiny Number = 06

あなたの使命、社会的役割 <Parts of Society>

　ディスティニー・ナンバーに6を持つあなたの役割は、人々に奉仕することです。それは身体を使って尽くすことだったり、人々の相談に乗りアドバイスを与えることだったりするでしょう。いずれにせよ、利他的な思いから仕事に取り組むことが、あなたのこの世における使命であり、喜びである、と同時に、あなたの社会的なステージを広げることにもつながるのです。

　仕事としては、子どもたちを育て導く学校の先生、そのほか、看護師やカウンセラーも向いています。また「人の役に立ちたい」というあなたの欲求は、ボランティアの場や福祉の現場でも輝くものとなるはずです。
　あなたには母性的な愛情と父性的な責任感があり、その包み込むような優しさと、滅多なことでは投げ出さない面倒見のよさから、多くの生徒や患者、クライアントから慕われ、頼られることになるでしょう。

　また、あなたは調和を愛する理想主義者でもあります。和の保たれた環境と美しいものを好み、貫くべきは真実と正義であると考えています。
　その分、ニセモノや不正なものに対しては断固とした拒絶の姿勢を示すことも少なくありません。そういう態度を出した時は、普段は何ごとに対しても受容的なあなただけに、周囲の人は戸惑うことになるかもしれません。とはいえ、あなたの意見は筋のとおった正論なはず。結局は、皆が納得させられることになるでしょう。

人生の目的。使命。しなければならないことは何か。

愛情あふれる人。奉仕する役割。人をよい方向へ導く使命。

　このように、何ごとにも正しい道を選ぼうとするあなたですが、困った傾向として、人から頼み事をされると、どんなに無理そうなことでも断れない一面があります。
　そのうえ、「引き受けたことは中途半端には終わらせたくない」、「できれば完全なものに仕上げたい」という、仕事に対する完ぺき主義な側面も持ち合わせているため、結果として抱えきれないほどの業務をため込んでしまったり、時にはとんでもないお荷物まで背負い込むこともあるのです。
　慎重になり過ぎる必要はありませんが、責任感が強いあなただからこそ、安請け合いしないことも覚えておきましょう。直感と分析力を働かせ、あなたが本当に必要とされている相手のところにこそ、手を差し伸べるのが肝要です。

適職、天職 <a Fitting Job, Mission>

　人を教育する仕事。奉仕する仕事。生き物を育てる仕事。教師。カウンセラー。マッサージ師。看護師。介護福祉士。エコロジスト。ブリーダー。トリマー。ハウスキーパー。マネージャー。

　　　　　　　あなたは水を注ぐ人。
　　　出会う人、生徒、愛するだれかの器に、水を注ぐのです。
　　　　　もしよどんだ水が残っていたら、
　　　　あなたは断固としてそれを捨て去るでしょう。
　　　あなたは、人々の器を清い水で満たしたいのです。

Destiny Number = 06

Destiny Number = 07

あなたの使命、社会的役割 <Parts of Society>

　ディスティニー・ナンバーに7を持つあなたのこの世における役割は、物事を突き詰めて考え、分析し、そしてあなたなりの見解を見付けていくこと。

　そのためには、与えられる情報に対してまずは疑ってかかり、あらゆる角度から事実と情報を集め、追跡し、関連性をひも解き、理屈がとおっているかどうかを確認します。そして興味がわいたことに対しては、自分が完全に納得できるまで追及し続けるでしょう。そうしてあなたは、まだだれにも知られていない知識を掘り起こすことに成功し、あなた独自の理論を確立できた時に、たまらない興奮を覚えるのです。

　あなたのこの世における使命は、獲得した特別な知識を、この世の人々に提供することです。

　仕事としては、何らかの分野の専門家になるのが一番でしょう。哲学者や神秘学者、発明家、システムエンジニア、技術者、外科医、精神分析医、歴史家……と、あなたが独自で取り組めるもので、あなたの探究心をくすぐるものであればどんな分野でも構いません。知り得た知識を、人々の役に立つ情報や技術にまで落とし込めた時、あなたのワークは成就するのです。

　こうした探求にはよほどの集中力を必要とするためか、あなたにとってひとり静かに過ごす孤独な時間はなくてはならないものとなるでしょう。周囲に常に人がいる環境は、あなたのストレスをためさせてしまうのです。そういった意味で、あなたは「知識を人々に伝える」役割である割には、生徒に囲まれる学校の先生などはあま

孤高な人。探求し続ける役割。究めた知識を提供する使命。

り向いていないかもしれません。同じ「先生」でも、研究を続ける大学教授や、哲学を書にしたためる作家ならば問題はないでしょう。

　また、あなたは新しい環境や状況に慣れるまでに時間が掛かるほうです。段取りが明確で、あらかじめ定まっていることであれば抵抗なく取り組むことができますが、そもそも段取りの存在しない事柄や、いきなり情勢が変わったものに対しては困惑しがち。どんなことでも、じっくりと時間を掛けてかみ砕き、自分になじませていくタイプなのです。

　そんなあなたは、「答え」を導き出すのにも慎重に対応し、思慮深く思索することでしょう。あなたの知識はこの世の財産にもなり得るもの。道を究め続けることこそ、社会貢献につながり、あなた自身の喜びともなるはずです。

適職、天職 ＜a Fitting Job, Mission＞

　ひとりで取り組める仕事。探究心が刺激される仕事。研究職。専門家。リサーチ業。科学。形而上学者。医師。神秘学者。占星術師。歴史家。探偵。作家。ジャーナリスト。大学教授。技術者。

あなたは探求する人。
なぜなら知識は、あなたの栄養分そのものだから。
あなたは、知り得た情報を正確に世の中に伝えます。
なぜならそれが、あなた自身を生かす道だから。
あなたは、真理と神秘を世に巡らす媒介者なのです。

Destiny Number = 08

あなたの使命、社会的役割 <Parts of Society>

ディスティニー・ナンバーに8を持つあなたには、高みを目指しまじめに働き、社会的な地位を得て、権力を振るう役割が与えられています。そしてあなたは、この世で何かを成し遂げ、結果として、物質的成功を獲得することになるでしょう。

ただし、何かを達成させるのも、物質的成功を得るのも、そう簡単なことではありません。そこに至るまでには多くの障害物が待ち受けていることが予想されます。困難をくぐり抜け、挫折にも負けず、失敗から多くを学び、自分の能力を最高に出し切る必要もあるでしょう。そしてあなたにはそれができるのです。

実際、あなたには「権威あるポジション」や「金銭」に対して、強い欲求があるでしょう。その欲望がけん引力となって、あなたをどこまでも勤勉かつ合理的な人物に仕立てています。

仕事は、何であれ野心を満たしてくれる職種に就く必要があります。何かの専門家や、政府関係、大学、ベンチャー企業、会社の上役、大きな金銭を扱う金融や不動産業、人を扱うプロデューサーも向いています。

ただしもちろん、最初から高い地位に就けるわけではありません。あなたは下積みの仕事をひとつひとつこなし、上に向かってひたすら突き進み、獲物を狙うハンターのごとく、足がかりを着実にとらえていくことでしょう。

このように、あなたは目標に向かって懸命に活動することのできる人ですが、たまにプライドの高さが進路の邪魔をすることがあるかもしれません。まず、あなたは自分の失敗を指摘されるのを嫌う

大人物。力を振るう役割。利益と達成を勝ち取る使命。

のではありませんか？　そして他人に謝ることも苦手なはず。また、どんな時も自分で状況のコントロールをしようとしがちです。

　流れに乗るためには、時には従属的な立場に甘んじることも大切です。もちろん、自分が何か間違いを犯した場合は、素直に非を認めるのも肝心。成長への一歩となるはずです。

　また、金銭に対する強過ぎる欲求は、あなたにいつも欠乏感をもたらすので注意が必要です。「お金」への不平や不満、ネガティブな感情は、そのままお金を遠ざけてしまうことになるからです。お金に対してはポジティブなイメージを抱き、あなたにかかわったすべての人たちが益することを喜びとしましょう。

　ある程度野心が満たされ始め、自信がついた時、あなたは、卓越した手腕を発揮しているはずです。そして、周囲の人たちからは、大人物と評されているに違いありません。

適職、天職 <a Fitting Job, Mission>

　権力を振るう仕事。大きなお金を扱う仕事。人を取り仕切る仕事。プロデューサー。ディレクター。責任者。専門家。不動産。起業家。編集者。出版社。大学。金融。弁護士。外科医。支配人。

Destiny Number = 08

あなたは力を振るう人。
この世の正義と、人々の生活が潤うために。
あなたはパワフルな人。
権力も物質も人々も、あなたに吸い寄せられていきます。
すべては、そのパワーに向かって。

Destiny Number = 09

あなたの使命、社会的役割 <Parts of Society>

　ディスティニー・ナンバーに9を持つあなたは、「この世のすべての人々がもっと幸せになって欲しい」と願います。そして、社会に出るに従って「自分もそのために何か役に立ちたい」と感じるようになるでしょう。

　ナンバー9のあなたは、ナンバー1から8までのすべてのナンバーを内包しているので、さまざまなタイプの人たちへの共感能力が発達しています。そのため、隣の人の抱く心の痛みを、かなたにいる人の貧困を、遠い国の人種差別を、見過ごしてはいられなくなるでしょう。

　いずれにせよあなたには、この世の使命として、人々の生活がもっと向上し、皆が安心できる世界にするためのワークが与えられているのです。

　仕事も、そうした熱い願いに従って選択することが大切。そうであれば、あなたの仕事生活は充実したものとなるはずです。NPO団体や介護福祉、カウンセリングの分野などは、まさにあなたにとって本領発揮できるステージ。また、広い視野と寛大な心から、宗教家になることも可能でしょう。

　そんなあなたのことですから、お金のためだけに働くことは苦手なはず。もしそのような仕事をし続けた場合は、自分がひどく空虚な人生を送っていると感じてしまいそうです。どんな職業に就くにしろ、あなたの理想を少しでも叶えられるかどうかが重要な鍵になります。週末のボランティア活動も、あなたの日常に力を与えてくれるものとなるでしょう。

　また、あなたは表現力と文化的な側面が発達しているため、そう

人生の目的。使命。しなければならないことは何か。

寛大な人。理想に生きる役割。世の中をよりよくする使命。

いった方面の仕事を選ぶのもよいでしょう。演劇や音楽、文学、芸術の分野は、あなたの敏感な感性を大いに広げ、満足させるに違いありません。

　あなたにネガティブな点があるとすれば、それは、少々心が繊細である点が上げられます。肝心なシーンで、不必要に悲観的になったり、現実から逃げたくなったり、ひどく落ち込んだりすることもあるでしょう。

　そういう場合は、他人に対する寛容さを自分自身に向けて、楽な気持ちを取り戻しましょう。「人々や世の中にとって必要なことをやっている」という自負も、あなたにパワーを与えます。

　あなたは知恵に優れている人です。恐れに負けず、自身の直感と良心を頼りに、理想をこの世で体現させてください。

適職、天職 <a Fitting Job, Mission>

　世の中のためになる仕事。精神性が向上する仕事。芸術関係の仕事。介護福祉士。カウンセラー。コーチ。教師。思想家。政治家。宗教家。聖職者。芸術家。演奏家。演劇関係。自然愛護活動家。

あなたは成長をし続ける人。
あなたの魂は、常に磨かれ続けるのです。
そのために、あなたは多くを経験するでしょう。
すべてを知って、もっと達観するでしょう。

Destiny Number = 09

Destiny Number = 11

あなたの使命、社会的役割 <Parts of Society>

　ディスティニー・ナンバーに11を持つあなたは、スピリチュアルなインスピレーションと自然に発せられる強いエネルギーによって、人々を励まします。と同時に、人々の意識を変容させる役割を持っています。
　あなたには、千里眼にも近い洞察力と直感力があり、それを言葉にし、人々に伝える使命があります。あなたの啓示に満ちた言葉を受け取った人々は、それが魂の奥深くに刻まれ、精神が活性化されて創造的になるのです。

　ナンバー11はマスターナンバーとして、1から9までのナンバーよりも、運命的に固い使命が与えられています。そしてその分、そのために必要なチャンスや縁にも恵まれやすいでしょう。ただしそれもこれも、あなたがすでにスピリチュアルに目覚めていれば、の話。あなたの感性がまだひらかれていない場合は、ナンバー11よりも、むしろナンバー2の性質に近いことでしょう。
　ナンバー2からナンバー11に移行する過程では、まずはあなたの自立心と、前に進んでいく勇気を奮い起こす必要があります。そして自分の役割を自覚し、使命を果たせば果たすほど、スピリチュアルな感性とものの見方が発達し、エネルギーに満ちたオーラに包まれるようになるのです。

　仕事としては、直感的な想像力を生かして、作家やクリエイター、映像の分野などを目指してもよいでしょう。また、人々から注目されやすいあなたは、舞台やメディアの場で活躍することも考えられます。目に見えないものの大切さを訴えて、本を書き、公演に駆け

感受性豊かな人。他者の意識を変容させる役割。
スピリチュアルな使命。

回るなど、テレビやラジオに出演する文化人にもよく見られるナンバーです。また、美意識の強いあなたは、ファッション関係やヘアメイク、生け花の師範、音楽関係といった方面での仕事に就くこともおすすめです。ただしあなたの本質を満足させるには、どんな職業に就いたとしても「自分の技術をとおして、人々の心に感銘をもたらしたい」という思いを忘れないことが大切です。

ネガティブな一面としては、時折あなたは極端な考えに走り、激しくアップダウンする傾向があります。それも感受性の強さの表れとはいえ、空想の世界に逃げ込んだり、暗闇にい続けたりするのは生産性を失うのでほどほどにしておきましょう。

あなたは、高次の世界とつながることのできる人です。ひるむことなく前に出て、あなたの世界観を表現したほうが、あなたの精神を健全に保つことができるでしょう。

適 職、天 職 <a Fitting Job, Mission>

スピリチュアルな仕事。美意識を生かせる仕事。表舞台に立つ仕事。きめこまやかな仕事。スピリチュアルカウンセラー。スタイリスト。作家。詩人。クリエイター。アーティスト。花屋。

あなたは、目に見えないものの価値を知っています。
感覚の狭間に浮かぶ普遍的な何かに、気が付いています。
それを言葉にして、人々に伝えてください。
永遠なる真実を、知らしめてください。

Destiny Number = 11

Modern Numerology

Destiny Number = 22

あなたの使命、社会的役割 <Parts of Society>

　ディスティニー・ナンバーに22を持つあなたには、スピリチュアリティあふれる理想を、この地球上で「形」にする役割が与えられています。その理想は、世界平和に関することや大会社を設立するといったような、壮大なビジョンと確立の難しさを併せ持ったものでしょう。

　そしてあなたは、それを単なる夢や空想では終わらせず、実際のものとするシステムを構築していくために立ち上がっていくのです。

　このように、あなたは大きな理想をこの世に建築する人。ですが、その道に入るまでには少々時間が掛かりそうです。ナンバー22の人はナンバー11の人と同様、遅咲きのほう。花を咲かせるまでには、多様な経験を積んでいくことが暗示されています。

　そして、あなた本来の道を歩み始めた後も、達成に至るまでには多くの障害や妨害にぶつかっていくはずです。あなたの人生は「克服の連続」とも言い換えることができるほど困難に満ち、苦労の耐えないものになるかもしれません。しかしあなたには、それらをくぐり抜けていくタフさが与えられています。そして何より、ひとつひとつ乗り越えていくからこそ、あなたの精神性はより豊かになり、ナンバー22が真のマスターナンバー足り得る力を持つようになるのです。

　マスターナンバーは、自身の魂の訴えに正直であろうとワークし始めたところから、つぼみを開かせていきます。もしあなたが、まだナンバー22の持つ「自由さ」と「強さ」にひらかれていない場合は、ナンバー4のよくない面が表に出やすくなるでしょう。頑

> 有能な人。高次の理想を現実化する役割。
> 大きな仕事を成し遂げる使命。

固になったり、偏狭になったり、細かいことにうるさくなったりして、大きなビジョンどころか小さな目標さえも達成できなくなる恐れがあります。また保身に走って、新しい発想には目を向けなくなることもありそうです。

　反対に、理想の実現に生きるようになった後のあなたは、ナンバー4のよい面——効率のよさ、一途さ、実践力、有能さなどを生かしながら、活躍の場を広げていくことになるでしょう。

　仕事としては、大事業や政治活動、世界的な取り組み、平和活動などに関心が注がれていきそうです。

　またあなたは、最高の経営者にもなれる人。直感や霊感によってもたらされたビジョンを社訓に掲げ、共鳴する人を集めれば、人々の魂に眠る献身の精神を呼び起こし、善意的で成果率の高い職務へと導いていくことになるでしょう。

適職、天職 <a Fitting Job, Mission>

　理想を形にする仕事。大きなビジョンがある仕事。国際的な仕事。地球規模のプロジェクト。政治家。国家公務員。経営者。フランチャイズチェーン。貿易。不動産。製造業。建築関係。

> 人々が求めていること。世の中のためになること。
> それが、あなたの仕事です。
> あなたには、次々と「やるべきこと」が与えられるでしょう。
> ひるまずに、受け取って。
> あなたの「覚悟」は、不可能を可能にするでしょう。

Soul Number

Ⅳ 魂の欲望。
人生において
何を求めているか。

Soul Number　【ソウル・ナンバー】

魂の欲望。人生において何を求めているか。

　ソウル・ナンバーは、あなたの魂が求めている本能的な欲求を教えてくれます。
　この欲求は、普段はあまり気が付かないものかもしれません。というのも、あなたが意識的に考えるものではなく、深層心理の部分で、自然に感じていることだからです。
　またそれは、運命によって与えられる出来事や方向性でもありません。あくまでも、あなたが、胸の奥のほうで感じている欲望です。
　このように、ソウル・ナンバーは、通常はあまり表に出てくるものではありませんが、あなたの人生のあらゆるシーン、しかも比較的肝心なシーンで、鍵を握っていることが多くあります。
　たとえば、あなたが何かの決断を迫られた時。「こちらのほうがよい」と瞬時に感じているのはソウル・ナンバーが表す欲求が大きくかかわっているはずです。物事を選択する時の動機付けとなっていたり、あるいはまた、あなたにとって心地よい状況も、このソウル・ナンバーが示すものであるでしょう。

　ある女性は、5年間お付き合いを続けている、優しくも少し気が弱いところのある彼と、これからも交際を続けていくかどうか悩んでいました。彼女は最近、運命の相手とも思えるほど胸がときめく男性と出会っていたのです。
　彼女と恋人のことをよく知る友人たちは、「別れるなんてもったいない」と口をそろえて言い、彼女自身も、今の彼に大きな不満があるわけではありませんでしたから、別れるのはつらいことだと感じていました。
　ここで、彼女のソウル・ナンバーに安定や信頼感を大切にするナンバーが入っていたとします。そうであれば彼女は、新しく出会っ

　　　　魂の欲望。人生において何を求めているか。

た男性に強くひかれながらも、結局はもとの恋人のもとへ戻っていったことでしょう。

　しかし、彼女のソウル・ナンバーには、冒険や人生の変化を求めるナンバーが入っていました。彼女は悩んだ末、「今の彼と5年も付き合って実りがなかったのは、お互いがそこまで求め合っていなかったからだ」という考えに至り、新しい彼のもとへ飛び込んでいきました。

　このようにソウル・ナンバーは、人生における重要なターニングポイントで大きな影響力をもたらすことが多々あります。それは、ソウル・ナンバーが「深層心理でとても大切にしていること」や「本当に求めていること」を表しているからです。

　ただしあなたが、この魂の欲求を無視し、物事の選択を理性だけでし続けたならば、ソウル・ナンバーが示す内容は、あなたの人生とはあまり重ならないものになるでしょう。あなたには理性のほかに、進むべき方向性や役割、また伸ばすべき能力もあります。そして心の欲望は、時としてそれらを邪魔することもあるでしょう。また人によっては、道を外れることや、人生の歩みが停滞することを嫌って、心の声を無視してしまうことがあるのです。

　しかし、「やるべきこと」だけに注目し、魂の欲求を無視し続けるのはあまりおすすめできることではありません。というのも、わたしたちは、自分の心の声を押し殺し続けていると、すべてのことに対するやる気そのものまで失ってしまうからです。やる気を失えば当然、当初掲げていた「やるべきこと」にも手が付かなくなるでしょう。

そうならないためにも、まずはこのソウル・ナンバーが示すあなたの魂の欲求に、じっくりと耳を傾けてあげることが大切です。そして、自分にとって真に心地よい環境を、自らの手で作り出していってください。あなたらしくいることができる環境の中でこそ、果たすべき役割も、無理なく果たすことができるのですから。
　しかもソウル・ナンバーが示す欲求は、あなたの道をサポートしてくれることもあります。欲求が運命と重なった時は、その相乗効果が成功への推進力となるのです。
　心の訴えにむやみにフタをしたり、逆に本能だけに振り回されたりもしないで、ちゃんと見つめて、時にはくみ上げ、時には我慢する気付きを得ましょう。
　それができるようになれば、あなたの魂の欲求は、あなたの人生をよりよい方向にけん引する、非常に強いパワーとなるはずです。

魂の欲望。人生において何を求めているか。

ソウル・ナンバーも、ディスティニー・ナンバーと同様に、名前（誕生した時に付けられた名前）をもとにします。ただしソウル・ナンバーは、名前のアルファベットの「母音」のみを加算します。

　再び、「こまくさ　たろう」という名前を例にしてみましょう。
①ヘボン式ローマ字で綴った名前を、81頁の図をもとにして数へと置き換えます。

　　　　　T A R O 　　K O M A K U S A
　　　　　　↓ 　　　　　　　↓
　　　　　2 1 9 6 　　2 6 4 1 2 3 1 1

②母音のみを取り出します。
　　　　　T A R O 　　K O M A K U S A
　　　　　　1　6　　　　6　1　　3　1

③母音の数をすべて合計し、一桁の数になるまで分解と加算を繰り返します。
　　　　　1 + 6 + 6 + 1 + 3 + 1 = 18
　　　　1 + 8 = 9………ソウル・ナンバー

Soul Number = 01

魂の欲求 <Impression>

　ソウル・ナンバーに1を持つ人は、「自分の意見がとおっている状況」や「自分がトップであること」に、満足感を覚えます。
　あなたも、自分の意志を曲げなくてはいけない時や、トップの座を譲る状況では、どこか不満が残ることはないでしょうか。
　そんなあなたは、人に甘えることや頼ることが苦手かもしれません。あなたがリードするグループやプロジェクトが困難に見舞われても、ついつい自分ひとりで抱え込んでしまう、そんなことはありませんか？　自立心が旺盛なあなたは「自分ひとりでなんとかしなくては」と考えがちなのです。
　しかし、パートナーや家族など、あなたが真から心を許せる相手には、少々ワガママになる傾向もあるようです。「我」の部分が、露呈しやすくなるためでしょう。でも、きっとパートナーや家族の人たちは、そんなあなたのことを理解し、寛大に受け入れてくれているに違いありません。あなたの単純さや率直さ、ストレートな一面は、同時に、存分な魅力にもあふれているからです。
　いつも謙虚に、という注文は、あなたには少々難しそうですから、せめて周囲の人たちへの感謝の気持ちを忘れないようにしましょう。

　　　　わたしは、いつでも列の先頭でいたい。
　　目の前にだれもいなくても、恐れたりなんかしない。
　　目の前が少々暗くても、不安になんか負けない。
　　わたしは自分の足で立つ。自分の手で、切りひらく。
　　　　　　そう、決めたんだから。

Soul Number = 02

魂の欲求 <Impression>

　ソウル・ナンバーに2を持つ人は、「良好な人間関係」が保たれていることに安心するでしょう。そして目の前にいる人と愛ある関係を維持できたら、そこがあなたにとって最も心が満たされる空間になります。反対に、パートナーと意見が対立したり、お互いが別々の方針でいることは好まないでしょう。いえ、あなた自身も意識できないぐらい、いつのまにか相手に同調しているに違いありません。

　それは、あなたが身近にいる人の心に反応しやすい、ということに起因しています。目の前にいる相手がいらつけばあなたもストレスを感じるし、楽しい気分になればあなたも嬉しくなるのです。

　ただし、その同調のしやすさから、他人に容易に振り回されたり、他者に対して依存する傾向があることも否めません。そうした場合、あなたが自分らしさを取り戻すまでには強い精神力が要求されることになるでしょう。人との境界線は、常に明確に保っておくほうが肝要かもしれません。

　また、感受性が強く、居心地のよさにもこだわるあなたは、薄汚い場所や騒音がする場所に長時間とどまっていると、気分が滅入ってきそうです。身近の環境は常に清潔にして、できればあなたの美意識にかなうものを、身近にそろえて置くようにしましょう。

　　　　　　わたしは感じる。
　　　風の流れや太陽の光、そしてあの人の心の声を。
　　　わたしはあの人の魂の片割れかもしれない。
　　あの人の望んでいることを、わたしは手に取るように分かる。
　　　　　　心が、重なるのだ。

Soul Number = 03

魂の欲求 <Impression>

　ソウル・ナンバーに3を持つ人は、根本的な部分で「楽観的」。たとえシリアスな場面に直面しても、比較的早い段階で「まぁ、どうにかなるさ」と気楽な考えに変わります。落ち込んだり滅入ったりと、気分の揺れも激しいほうですが、立ち直りも早いことでしょう。そして何か目標がある時は、「自分はツイているから、必ずうまくいく」といった根拠のない自信に満たされています。その自信が、あなたをますますハッピーにさせるのです。

　そのことは、あなたの表面的な部分しか知らない人たちからは、分かりづらい一面かもしれません。特に、ほかのナンバーにきまじめなナンバーが入っていればなおそうでしょう。でも、とても身近にいる人なら、あなたがあまり深く考え込まないことや、気分の切り替えが早いことを知っているはずです。

　また、あなたは遊ぶことや楽しいことが大好き。それはまるで、「人生、愉快に笑って過ごすのが勝ち」といった信念を持っているかのよう。そのオプティミスト的な性格が単純な形で表に出ると、人から注目されたり、チヤホヤされることに熱中することもありそうです。その意欲を、流行モノや見栄えだけに向けず、自身の能力アップにつなげるようにするとよいでしょう。

いつもウキウキしていたい。

何かにドキドキしていたい。

責任？義務？意味？

そんなこと、人生においてはほんのささいなこと。

すべては、喜びがあってこそなんだ！

魂の欲求。人生において何を求めているか。

Soul Number = 04

魂の欲求 <Impression>

　ソウル・ナンバーに4を持つ人は、生活や人生における「安定」を求める気持ちが強いでしょう。そしてその安定は、目に見える物や財産が生み出してくれると考えて、結果的に物欲が強くなる傾向があるようです。

　しかし、物欲が強いからと言って、欲しいモノをパッと買ってしまうわけではありません。特にほかのナンバーにも質実さを好むナンバーが入っていればなおのこと。あなたは、使うよりも、お金が貯まっていくほうを嬉しく感じるタイプなのです。

　自分ではむしろ「お金にはこだわらず、ひたすら仕事に打ち込んでいる」と感じるかもしれません。もしあなたが惜しまずにお金を使うことがあるとすれば、自分に本当に安心感をもたらしてくれる物——家や土地などの購入に充てられることが多いでしょう。

　またあなたは、経済面や将来のことで少しでも不安があると、非常にストレスを感じるかもしれません。もし、何かしらの不安を抱えなくてはならない状況に陥ると、その不安を埋めるようにワーカホリックになったり、何かに一心不乱に打ち込んだり。頑固にもなりやすいあなたですが、心が固くなっていると感じたら、旅にでも出て大自然にふれるとよいでしょう。

わたしは人に迷惑をかけたくない。
だからまじめでいようと思う。
常識のなさや無責任さやある種の冒険は、
どこかで違う誰かが、
フォローしているものなんだ。

Soul Number = 05

魂の欲求 <Impression>

　ソウル・ナンバーに 5 を持つ人は、「自由」と「変化」を求め、刺激のない人生は退屈でたまらないと感じるでしょう。

　また、あなたはとても好奇心が旺盛。絶えず何かしら新しいものを希求し、そして少しでもピンと来るものがあったら、迷うことなく自分の人生に取り入れようとするでしょう。

　それは時に常識や社会性を打ち破るもの――もしかしたら、これまで積み重ねてきたものを投げ出すことかもしれません。それでもあなたは、後ろを振り返ることなく、新天地に臨みたいと思うでしょう。

　ただし、ライフ・パス・ナンバーやディスティニー・ナンバーに堅実なナンバーが入っているとすると、普段はあまりそういった一面が出てこないかもしれません。ですが、人生の岐路に立った時に、あなたの意外な冒険心はうずうずと動き始めるでしょう。

　また、そういった価値観は、周囲の人々にも影響を与えています。あなたのルールや既成概念にとらわれない発想は、「社会の決まり事になじめない」「仕事を辞めたい」と感じる人たちに、勇気を与えているのです。後は、「変化」に飛び込む際、自分勝手な人とならないよう、周囲への配慮を忘れないようにしてください。

わたしは自由が欲しい。
あらゆるものを知り、何もかもを吸収したい。
常識にとらわれていたら、大切なものを見失ってしまう。
わたしは変化を重ねる。
体験をとおし、真理をつかむんだ。

Soul Number = 06

魂の欲求 <Impression>

　ソウル・ナンバー6の持ち主は、大切なものを「守る」気持ちが強く働きます。それは、自分のこと以上に、家族や恋人など、身近にいる人たちへ向けられるでしょう。愛する人たちを守るために、健康や教育にも関心を寄せることになりそうです。

　また、保護本能が強いことから、テリトリー意識も旺盛です。内輪と外野には境界線があり、内輪の人たちのことを「自分が責任を持たなくては」と考えます。そしてもしその領域に危険が及ぶと、ふだんは温厚なあなたが、敵に向かって果敢に挑んでいく力強さを垣間見せるでしょう。あなたは愛にあふれたハートの持ち主。そして、信頼感を非常に大切にする人です。心を許せる相手には、とことん自分を見せ、そして相手にも自分を頼ってもらいたいと欲します。反対に、クールな人や情の薄い人と向かい合った時は、あなたも同様の対応をするでしょう。

　また、あなたは人に感謝されることに喜びを感じます。実際、あなたのそばにいる人は、包み込まれるような安心感の中で過ごしているはず。ただし、冒険めいたことをすると非常に心配されるため、心が痛むことになりそうです。あなたは、「手放す」ことを覚える必要があるかもしれません。

　　　　わたしはだれかに、何かに、奉仕がしたい。
　　　　　わたしは役に立つ人間でありたい。
　　　　人間は、道徳を重んじ、愛によって動くべきだ。
　　　そうであるべきだし、皆がそうであると信じたい。
　　　　　　　　信じたい。

Soul Number = 07

魂の欲求 <Impression>

　ソウル・ナンバーに7を持つ人は、「探求心」が旺盛で「静寂」を好みます。じっくり静かな時間を過ごす中で、「次はあれに取り掛かろう」「最近行き詰まっていた原因はこれか」というように、自分の希望や答えを見付けていくのです。

　こういった内向的な一面は、身近な人以外は、知るよしもないかもしれません。特にほかのナンバーに社交的なナンバーが入っているとすると、考え深い性質はなりを潜め、夜寝る前にだけ分厚い本を読んだり、考えごとをする時だけ上手にひとりになれる時間を見付けていることでしょう。

　ところが、恋人が依存的だったり仕事に忙殺されたりして、ひとりの時間がほとんど持てなくなると、あなたは非常に焦るでしょう。実際、そのような状況が続くと、あなたの心身にはストレスがたまるばかり。そのため、あなたは普段から人とあまり親密にならないように距離を置いたり、仕事は自分の裁量でできるようにシチュエーションを整えたりしていることでしょう。また、あなたは誇り高く、軽薄だったりニセモノっぽいものを嫌う傾向があります。ですが、生きているのは現実社会。世俗的なものからも、あまり距離を空け過ぎないようにしましょう。

孤独を恐れては、真理には到達できないわ。
だって「神秘の本当」は、
真っ暗闇の細い道をくぐり抜けた先にあるんだもの。
道は、ひとりでしかとおれないの。
たったひとりで、足を踏み入れていくのよ。

Soul Number = 08

魂の欲求 <Impression>

　ソウル・ナンバーに 8 を持つ人は、「強さ」に対する欲求を持っています。「強い自分でありたい、強くなければやられてしまう」といつも感じているのです。これは、もしほかのナンバーに楽観的なナンバーが入っているとすると表面からは分からないでしょうが、土壇場になった時こそナンバー 8 の本領発揮。起死回生のために立ち上がるのです。

　そしてライバル心も人一倍旺盛です。他者を見ると、まずは「自分よりも強い相手か、弱い相手か」を瞬時に判断します。そして強い相手だと知ると、自分も匹敵する人間になりたいとやる気に火がつき努力を重ねます。また、弱い相手だと知ると、自分が守ってあげようと親分肌・姉御肌な一面を見せることもあるでしょう。

　また、他人から能力不足を指摘されることを大変嫌います。よって、なるべく完璧に、しかも短時間で仕上げようと頑張ります。ですが、もちろん失敗することもあり、そうなると途端に消極的になりひどく落ち込んでしまうことも。

　また、「強さ」へのこだわりから、「権威ある地位」に就きたいと思う傾向があります。企業に入れば上層部に、技術を持てばその道のエキスパートになることを望むでしょう。

　　　　　　　わたしは強くなりたい。
　　　　　　悪い人に騙されないように。
　　　　　　　わたしは強くなりたい。
　　　　意地悪な人から傷付けられないように。
　　　　　　人生において損をしないように。

Soul Number = 09

魂の欲求 <Impression>

　ソウル・ナンバーに9を持つ人は、心の広い博愛主義者。すべての人の内面を「理解したい」と望んでいます。飢えに苦しんでいる人も、お金持ちも、主婦も子どもも、それぞれの立場にいる多くの人たちのつらさや喜びに、共感したいと思うのです。差別をしたりきめつけたりせずに、相手の立場に立って物事を知り、心を通わせる人でしょう。多少、優柔不断なところもありますが、それもさまざまな立場の人に共鳴しやすいことが起因しているのかもしれません。

　総じて、あなたはオープンで寛大な心の持ち主でしょう。心の奥には移り変わりやすくナイーブでか弱い一面も持っていますが、その繊細さは弱者に対する理解力にもつながっています。

　また、もしライフ・パス・ナンバーやディスティニー・ナンバーに実践的なナンバーが入っているとすると、あなたはその理想を創作やビジネスの中で生かすことになるでしょう。しかし、ほかのナンバーも精神的なナンバーで構成されているとすると、物質的成功にはあまり関心を示さなくなり、現実離れした考えを抱くかもしれません。とはいえ、身近の人の愚痴を聞くなど、仲間内の調整役として周囲の人々に愛され重宝がられていることでしょう。

魂の欲望。人生において何を求めているか。

つらさも、喜びも、悲しみも、愛も、すべては涙に変わる。
わたしは涙をたくさん流したい。
涙の泉は、きっとわたしの心をいやすから。
きっと、人々の心の渇きを潤すから。

Soul Number = 11

魂の欲求 <Impression>

　ソウル・ナンバーに 11 を持つ人は、「神秘的なもの」や「美しいもの」にひかれる傾向が強いでしょう。

　というのも、ナンバー 11 は非常に鋭敏なアンテナを持っており、「気」の流れや自然のエネルギー、また芸術的美しさなど、形而上的な目に見えないものにも反応するためです。アンテナを休ませるためには、時折静かな環境に身を置くことも必要になるでしょう。

　また、どこかしら人類に対する使命感を感じているあなたは、啓発される書籍や人物、考え方にも高い関心を示すことが多いようです。そういった価値観に出会うと、興奮しやすい性格が顔を出し、激しく感動したかと思うと、衝動的に自分の行動を変えることもあるでしょう。

　また、ナンバー 11 はナンバー 2 の要素も多分に持ち合わせているため、「人と仲よくしたい」という気持ちも強くあるはず。また、パートナーをいやすセンスも持ち合わせています。ただし、ここで伴侶に対する依存傾向が出てくると、ナンバー 11 の激しさが表に出て相手をびっくりさせるかもしれません。また、時折現実逃避したくなることもありそうです。

　　　　わたしは、感じるままに表現したい。
　　　　　　　　ただそれだけ。
　　　なのに、なぜこの世はこんなにも生きづらいの？
　だれもが完全にリラックスし、精神を開放し、自分らしくいられる、
　　　　　そんな世の中であって欲しい。

Soul Number = 22

魂の欲求 <Impression>

　ソウル・ナンバーに 22 を持つ人は、心の奥底に「よりよい世界を作りたい」という強い願いを持っているでしょう。「地域に貢献できる NPO を作りたい」、「もっと障害者の住みよい街づくりが必要だ」……。あなたの望みは尽きないかもしれません。そうして、あなたが職業を選ぶ時、また勉強会やサークル活動に参加する時には、そういった思いが動機付けになっていることでしょう。

　このように、あなたは理想的な思想を持っていますが、それが精神論で終わることは滅多にありません。むしろ、目の前の現実として、しっかりと向き合うことこそ大切だと考えるでしょう。あなたの胸中には、使命感にも近い熱い思いが流れているのです。

　ただし、ライフ・パス・ナンバーもしくはディスティニー・ナンバーにも、ナンバー 22 が入っていない場合は、あなたの大きな理想を具現化させるのは、少々困難かもしれません。小さな目標から、ひとつずつ確実に達成させていきましょう。そしてもしあなたが家庭の中にいる場合は、あなたの奉仕的な働きは、身近な人たちに向けられることになります。家族を全力で支えたり、町内のために奔走する毎日を過ごしているのではないでしょうか。

> 胸が熱くなる。
> 世の中の不公平や人々の苦しみを見るにつけ。
> 皆が幸せであるべきだ。
> いや、せめてまじめに努力する人ぐらい、救われるべきだ。
> そのために、わたしにはいったい何ができるだろう。

魂の欲望。人生において何を求めているか。

V Personality Number

外なる自分。
自分が他人に
どう見られているか。

Personality Number 【パーソナリティー・ナンバー】

　パーソナリティー・ナンバーは、あなたが周りの人からどう見られているか、またどんな印象を与えているかを教えてくれるナンバーです。
　これは、あなたが社会とかかわっていく際に身にまとう表面的な人格のことで、ソウル・ナンバーやライフ・パス・ナンバーのように、あなたの奥深い欲求や本性を表しているものではありません。けれども、あなたはその人格を通じて自分を表現していくことになりますから、あながち「あなた自身」と掛け離れているわけでもありません。人によっては、それを「本来の自分」だと思っていることもあるほどです。
　とはいえ、もしその表面的な人格が、あまりにあなたに食い込み、あなた自身も気が付かないほどにその人格に操られるようになってしまうと、あなたの人生や性格に、少しずつ亀裂が生じてしまうこともあるでしょう。

　ある男性は、ライフ・パス・ナンバーとソウル・ナンバーに同じ7を持ち、週末は読書や映画鑑賞など、静かな時間を過ごすことを好んでいました。ただし、仕事のシーンでは別。営業をバリバリとこなし成績も優秀。外見はスポーツマン風で華やかな雰囲気です。
　そしてある時、彼はある女性に恋をしました。彼女も読書好きと知り、きっと趣味も合うだろうと感じていました。
　ところがその彼女、よくよく話を聞いてみると「自分がおとなしい性格だから、男性はおしゃべりでスポーツマンがいい」と言います。ふたりは交際を始めることになりましたが、どうも彼女は、彼の華やかな外見にひかれているよう。彼も期待を裏切らないよう、毎週末、デートには野外へ出掛けていました。

> 外なる自分。自分が他人にどう見られているか。

> 外なる自分。自分が他人にどう見られているか。

　しかし、そんな無理が続くはずもなく、数ヵ月たって彼の心が抵抗を始めました。これまでのように、彼女の希望を優先できなくなってきたのです。
　ですが、彼女も大人の女性でした。彼の要求を察知して、彼女のほうからインドアなデートを提案してくれるようになったのだそうです。

　あなたは、表面的な人格に、自分を無理に合わせようとはしていないでしょうか？
　例に挙げた彼の場合は、彼自身が「自分が無理をしている」ことに気が付いていましたから、早い段階で改善することができました。しかし、自分でも知らないうちに、表面的な人格に合わせ過ぎてしまっている人も少なくないようです。
　もし、自分の表面的な人格と真の欲求を同一視してしまった場合は、心の声は押さえ込まれ、直感はかき消され、本来向かうべき方向性に進むことや、そもそも持っている才能や役割を発揮できなくなる恐れもあるでしょう。

　では、このパーソナリティー・ナンバーが教えてくれる表面的な人格は、できる限り無視したほうがよいのでしょうか？
　実は、そうでもありません。何せ周囲の人は「あなた」という人となりを、外側の印象や雰囲気から判断し、近寄ってきたり、または相性が悪そうだからと離れていったりもしています。そしてあなた自身も、周囲の人々の目線の影響を受けながら、「自分」というものの表現手段を構築していっているはずです。いくらあなたが、このパーソナリティー・ナンバーを無視しようとしても、それがも

たらすあなたの運勢への影響を、完全にぬぐい去ることなどできはしないのです。
　そう考えると、このパーソナリティー・ナンバーを自分なりに上手に使いこなすのがもっとも得策ではないでしょうか？
　熱いハートの持ち主がクールな雰囲気を漂わせていたり、心配性の人が楽観的な風貌をしていることはよくあることですが、本人がそれによって問題やストレスを抱えていないのであれば、なんら悪影響はないでしょうし、逆に、ギャップが魅力になることもあるでしょう。また、ストレスにならない程度でなら「期待にこたえよう」と自分を演じるのも悪いことではないでしょう。それだけ、自分の頑張りにつながることもあるのですから。

　問題は、自分の心の声や、魂の欲求に耳を傾けられなくなってしまうこと。そして、周囲から抱かれる印象に、あなたが疲れてしまうこと。
　そうならないためにも、まずは自分のパーソナリティー・ナンバーを知り、ほかのライフ・パス・ナンバーやディスティニー・ナンバー、ソウル・ナンバーとの違いをしっかりと自覚することをおすすめします。
　そして、その違いを楽しむぐらいの余裕を持てるようになれば、このパーソナリティー・ナンバーを「使いこなす」こともたやすくなるように思うのですが、いかがでしょうか。

外なる自分。自分が他人にどう見られているか。

ソウル・ナンバーは、名前（誕生した時に付けられた名前）の「母音」のみを加算することで導き出しました。一方で、パーソナリティー・ナンバーは、名前のアルファベットの「子音」のみを加算します。

　再び、「こまくさ　たろう」という名前を例にしてみましょう。
①ヘボン式ローマ字で綴った名前を、81頁の図をもとにして数へと置き換えます。
```
    T A R O     K O M A K U S A
      ↓             ↓
    2 1 9 6     2 6 4 1 2 3 1 1
```
②子音のみを取り出します。
```
    T A R O     K O M A K U S A
      ↓             ↓
    2   9       2   4   2   1
```
③子音の数をすべて合計し、一桁の数もしくは11及び22になるまで分解と加算を繰り返します。
$$2+9+2+4+2+1=20$$
$$2+0=2 \cdots\cdots\cdots パーソナリティー・ナンバー$$

　ここまで説明してきた4つのナンバーの導き方を、以下にまとめておきます。

ライフ・パス・ナンバー	生年月日の加算（年＋月＋日）
ディスティニー・ナンバー	名前のアルファベットすべての加算
ソウル・ナンバー	名前のアルファベットの母音の加算
パーソナリティー・ナンバー	名前のアルファベットの子音の加算

Personality Number = 01

あなたの印象 <Impression>

　パーソナリティー・ナンバーに1を持つ人は、前向きで、率直な雰囲気を持っています。また、自分の意見をはっきりと主張するところから、ダイナミックで勇敢なイメージで見られることも多いでしょう。あなたが目標を達成するためのキーワードは、「自立」、そして「革新」です。その印象は、人々に「あなたならきっとやってくれる」という期待を抱かせます。その結果、あなたの意見は、周囲の人々からも受け入れられやすい状況を生むことになります。あなたが積極的に働き掛ければ、人々を説得したり、引っ張っていくこともたやすいはずです。

　ただ、あなたのほかのナンバーに、消極的だったり補佐役を好むナンバーが入っている場合は、いつもリーダーでいることに疲れてしまいそうです。そういう場合は、無理をし過ぎる前に旗を降ろす勇気も必要かもしれません。また、ナンバー1の持つネガティブな性質、自慢気な態度や大風呂敷を広げる言動には注意が必要でしょう。ライフ・パス・ナンバーかディスティニー・ナンバーに実行力を伴うナンバーが入っていない限り、「口だけの人」と成りかねないからです。とはいえ、あなた独自のセンスによって考え出された「新しいこと」は、周囲の人たちの期待と理解を下地に、不思議なほど幸運に恵まれやすくなるでしょう。

あなたは、いつも堂々としています。
たまに独善的になってわたしたちを困らせることもありますが、
でも、そんな時にもキラキラとしたエネルギーを発しています。
あなたは、自分に自信があるように見えます。
そのことがうらやましく、時にまぶしくなることもあるのです。

外なる自分。自分が他人にどう見られているか。

Personality Number = 02

あなたの印象 <Impression>

　パーソナリティー・ナンバーに2を持つ人は、聞き上手で、柔らかい雰囲気を持っています。グループの中にそういう人がいると調和が保たれるため、あなたは特別に何をするでもなく、グループにいなくてはならない存在になるでしょう。また、リーダータイプの人は、あなたの控えめな態度と情報収集能力を見て、そばに置いておきたいと思うでしょう。そうしてあなたは、カウンセラー的役割を請け負ったり、秘書的業務の腕を磨いていくことになるのです。

　ただし、あなたの他のナンバーに自我の強いナンバーや自由を求めるナンバーが入っていると、いつの日か、人のサポート役では物足りなくなりそうです。そういう場合は、ほかのナンバーとの兼ね合いによって、カウンセラーの派遣会社を作ったり、海外を渡り歩きながら各地で友人の輪を広げていく、なんてことをやりたくなるかもしれません。また、ナンバー2の持つネガティブな性質、付和雷同しやすい傾向や、「断れない性格」が表に出てくると、あなたは自分で自分の首を絞めてしまうことも。

　とはいえ、あなたは調停し、同調し、人をいやす人。それはあなたのチャームポイントであり、周囲の人の期待にこたえる顔でもあるのです。

　　　あなたの身のこなしは、どことなく穏やかで、そして優しい。
　　　　　　あなたは控えめに意見を述べますが、
　　　でもそれがとても的確なので、よくドキリとさせられます。
　　　　　あなたは、ふわりとしたオーラと鋭い視点といった、
　　　　一見すると相容れないものを、自然となじませているのです。

Personality Number = 03

あなたの印象 <Impression>

　パーソナリティー・ナンバーに3を持つ人は、表現力が豊かで、華やかな雰囲気を持っているでしょう。

　周囲の人々は、あなたの創造的な感性に触発されてクリエイティブなことがしたくなるかもしれません。少なくとも、あなたと一緒にいると楽しい気分にさせられるでしょう。そうしてあなたのもとには、遊びの誘いやアイディアの相談、そしてマスコミ関係の仕事などが舞い込んでくるようになるのです。

　おそらくあなたは、その状況を楽しみ、軽やかな身のこなしでさまざまな人やいろいろな話にかかわっていくでしょうが、ナンバー3はネガティブな性質として、飽きっぽい一面も持っています。あなたのほかのナンバーに固く堅実なナンバーが入っていれば問題ありませんが、そうでない場合は、やり掛けたことを最後まで全うするよう心掛ける必要があります。また、ソウル・ナンバーに静寂を好むナンバーが入っている場合は、「外ではにこやかだけど、家では暗い」と、明るい顔と暗い顔との落差が激しくなる傾向も。

　とはいえ、あなたは社交術とユーモアのセンスが抜群です。場を盛り上げ、人々を愉快にさせることには違いないでしょう。

あなたはキラキラしています。
いつも楽しそうで、いつも輝いていて。
知っていましたか？
あなたが言葉を発する時には、
みんなが思わず注目してしまうってことを。

Personality Number = 04

あなたの印象 <Impression>

　パーソナリティー・ナンバーに4を持つ人は、誠実でまじめそうな印象を与えます。ファッションや髪型は、どこか保守的なスタイルを感じさせるものでしょう。また、あなたは伝統的なしきたりや風習にも、苦労することなくなじんでいくことのできる人です。

　そういった信頼できる雰囲気は、同じように堅実な人や堅い職場から好まれ、その結果あなたは、いっそう安定的な人格になっていくことになるのです。

　ただし、あなたのほかのナンバーが、コツコツと地道に励むのが苦手なナンバーばかりで構成されている場合は、あなたは人々から期待されている姿を維持できなくなるかもしれません。息抜きする時間を取りながら、ナンバー4の人格と上手に付き合っていくことが肝要でしょう。また、ナンバー4のネガティブな性質である頑迷さが顔をのぞかせると、継続している仕事や人間関係を、納得がいかないからと突如断ち切ることもあるかもしれません。融通が利かなくなり、狭い範囲でしか考えられなくなるのです。そういう時は、ひと呼吸置き、視点を切り替えてみましょう。

　とはいえ、あなたの型にはまった考え方も、人々にどこか安心感を与えるもの。無理にくだける必要はないでしょう。

あなたは信頼のおける人。
まじめだし、道を外れないでしょう？
かもし出しているのは、コンサバティブな雰囲気。
それもきっと、あなたの性格でしょう？
あなたはおそらく、お育ちがよろしいのよね？

Personality Number = 05

あなたの印象 <Impression>

　パーソナリティー・ナンバーに5を持つ人は、ある時は職人肌、ある時は人々を仕切るマネージャーと、あらゆる顔を自由自在に操るでしょう。ナンバー5の特性は「変化すること」なのです。

　しかもあなたは、その場その場に素早く順応し、まるでその道のプロであるかのように振る舞うことができます。多才さやスピーディーな行動力は、多くの人を感心させるものでしょう。

　ただし、あなたのほかのナンバーに、安定や維持を求めるナンバーが入っていると、環境や立場の移り変わりの激しさに、あなた自身、不安感をあおられることもありそうです。そういう場合は、金銭面や技術的なことなど、何かの分野で足場を固め、そのうえでさらなる高みにチャレンジしていくことが理想的です。

　また、ナンバー5のネガティブな性質、享楽性が表に出ると、せっかく築き上げた地位や家庭を失いかねません。刺激的な「場」へ誘惑されることも多いあなたですが、大切な一線は維持するよう、肝に銘じておきましょう。

　とはいえ、あなたの大胆で自由な振る舞いは、多くの人を活気付けるもの。その人格に、人々は魅了されるのです。

外なる自分。自分が他人にどう見られているか。

あなたはとっても魅力的。
きっとそれは、あなたが人生の冒険者で、刺激を生む人だから。
え？不安もいっぱいですって？
そんなことを言いながら、
どうせまた、変化の渦に飛び込んでいっちゃうくせに。

Personality Number = 06

あなたの印象 <Impression>

　パーソナリティー・ナンバーに6を持つ人は、周囲にいる人々を一段上から包み込む、母親のような雰囲気を持っているでしょう。

　あなたは、穏やかで、愛にあふれ、思慮深い風情を漂わせています。周りの人々は、あなたといると心が安らぎ、頼ったり、甘えたくなります。そうしてあなたの周りには、困っている人がいっそう集まってくるのです。

　実際、あなたはカウンセラーや教師的な職業を選ぼうとするかもしれません。ただし、あなたのほかのナンバーに奉仕的なナンバーが入っていないとすると注意が必要です。他者の責任を担うことが負担になり、にっちもさっちもいかなくなったところで手放さざるを得なくなり、結果的に、助けを求めに来た人を窮地に追い込んでしまうこともありそうです。

　困っている人の期待にこたえるだけでなく、「自分はいったいどこまで手を差し伸べればよいのか」を考えながら、可能な範囲で手助けをしていく必要があるでしょう。

　とはいえ、あなたの人を選ばない思いやりにあふれる姿勢は、誰もが見習うべきもの。その人格によって、人々は救われ、導かれていくのです。

　　　あなたは穏やかで、優しい人。
　　あなたなら、信頼することができます。
　あなたなら、わたしを助けてくれるように思えます。
　　あなたにとって、それは負担ではないですか？

Personality Number = 07

あなたの印象 <Impression>

　パーソナリティー・ナンバーに7を持つ人は、神秘的なオーラと、人を寄せ付けない孤高な雰囲気を持っています。初対面の人は、あなたのことを「冷静でクールな人」と受け取ることが多いでしょう。そうしてあなたは、ますます周囲から距離を保つことを選ぶようになり、その結果、客観性や観察力がいっそう研ぎ澄まされていくのです。

　ただし、あなたのソウル・ナンバーに人との親密さを求めるナンバーが入っている場合は、あなたは、このパーソナリティー・ナンバー7を使いこなせないかもしれません。なかなか人と打ち解けられない自分に、ジレンマを感じるでしょうから。しかし、そういった内なる葛藤が、時に文学や芸術として昇華されることもあるでしょう。

　ナンバー7のネガティブな一面として、批判的でごう慢な性質が表に出てくると「こんな所は自分のいるべき場所ではない」と、今いる環境に嫌気がさしてくることも。あまり厭世的になっても、つらくなるのはあなた自身であることを忘れないようにしましょう。

　とはいえ、あなたの知性的な態度とシビアな観察眼は、あなた独特の世界観を作り上げるのに一役買っています。その世界観によって、人々はあなたに大いに敬意を払うことになるのです。

外なる自分。自分が他人にどう見られているか。

　　　　あなたは時々、わたしたちと違う次元にいるように見えます。
　　　　　少なくとも、考えは、よくどこかに飛ぶでしょう？
　　　　ふわふわ飛んでいったり、いきなり深い底にもぐったり。
　　　　物事の高みと深遠には、どんな景色が広がっていますか？

Personality Number = 08

あなたの印象 <Impression>

　パーソナリティー・ナンバーに8を持つ人は、パワフルに仕事をさばく、能力の高い人物だと見られることが多いでしょう。実際、あなたは自分の有能さをアピールすることが得意なはず。またあなたは、頼りになる親分・姉御肌の顔も持っています。周囲には一緒に仕事をしたいと思う人々が集まりやすいでしょう。その結果、あなたはいっそう仕事の腕を上げ、集まった人々を仕切る業にもたけていくのです。

　ただし、あなたのほかのナンバーにも「仕事好き」のナンバーが入っていない場合は、いざ請け負った仕事が負担になることも。仕事を選ぶ場合は、ただ権威があるとか、ただお金がよいといった条件的なものだけではなく、「自分が本来やりたいこと」にも目を向けていく必要があるでしょう。

　また、ナンバー8のネガティブな性質、物欲への執着が強くなり過ぎると、独裁的になったり、計算高い一面が顔をのぞかせることもあるかもしれません。

　とはいえ、あなたのビジネスセンスは、会社や一緒に働く人々に大きな利益をもたらすもの。「互いに益する」精神を忘れなければ、「成功」への切符を手にすることができるでしょう。

　　　　あなたはいつも一生懸命で、
　　　　あなたはいつも突き進んでいます。
　　　　それは圧倒されるような迫力。
　　　　ただひとつ、心配になることがあります。
　　　　あなたには、弱みを見せられる相手がいますか？

Personality Number = 09

あなたの印象 <Impression>

　パーソナリティー・ナンバーに9を持つ人は、ほがらかで、のびのびとしていながらも、多少ナイーブな雰囲気を持っています。そしてだれに対してもオープンで、公平な態度をとるでしょう。

　また、あなたは人のよい面に光を当てるため、周囲の人々は、あなたと一緒にいると気分が高まり「自分の理想」を抱きやすくなります。その結果あなたも、精神的な会話や活動とかかわりやすくなるのです。

　また、ナンバー9は、素養として1から9のすべてのナンバーを持っています。あらゆるタイプへの共感能力が非常に高く、必要に応じて、あたかも違うナンバーであるかのように振る舞うこともできるでしょう。たとえば、営業の仕事をしているならば社交的に、グループの長ならば雄弁でカリスマ的に、また時にはカウンセラーに、といった具合です。しかもそれがとてもナチュラルで、自分でも違うタイプを演じているとは思わないはずです。

　そしてあなたは、さまざまな人たちと自分を重ね、いっそう他人の気持ちが分かるようになります。そしてますます、人間の深みを知ることとなるでしょう。あなたの精神性を備えたおおらかな態度によって、人々は、理解される喜びを知るのです。

あなたと共にいると心が和みます。
なぜなら、あなたはきっとわたしのことを理解してくれるから。
あなたは自己主張を控えますね。
それはきっと、わたしのことをもっと知るため……？
あなたのワガママも、たまには聞かせてくださいね。

外なる自分。自分が他人にどう見られているか。

Personality Number = 11

あなたの印象 <Impression>

　パーソナリティー・ナンバーに11を持つ人は、美意識に優れ、しなやかで凛とした雰囲気を持っています。周囲の人々は、あなたを感受性と直感力が鋭い、女性的な感性の持ち主と見ていることでしょう。

　またあなたは、大勢の人の中にいてもパッと目立つ、際立ったオーラを放っています。そのオーラを自覚するに従って、人前に立つ機会も増えるはずです。とくにあなたは、スピリチュアリティに関する事柄を表現するようになるでしょう。

　ただし、あなたのほかのナンバーが現実的なナンバーで構成されているとすると、暗示や予兆を読み取る自分の感性を、無意識のうちに抑え込むことになりそうです。そういう場合は、他者に投影して宗教的な人に傾倒したり、オカルト的な人物にひかれることもあるかもしれません。また、ナンバー11のネガティブな側面、不安感や依存性が出てくると、何をするにも神経が立って、地に足が着かなくなる恐れも。疲れた時には、ぐっすり睡眠を取りましょう。

　あなたの光り輝く外見は、人々をひきつけるためのもの。そして目に見えないものへの感性は、人々に啓示と神秘の世界を知らしめるためのものなのです。

　　　あなたは繊細で、女性的で、そしてたくましい。
　　　　わたしの目には、そんな風にうつります。
　　　　「宇宙はひとつで、すべてはつながっている。」
　　　あなたといると、そんなことにも気付かされるのですよ。

Personality Number = 22

あなたの印象 <Impression>

　パーソナリティー・ナンバーに 22 を持つ人は、堅実で有能な風情を漂わせています。実際、あなたは大きな理想を抱き、その目標に向けて着実に進んでいきたいと考える人。夢を持てば、それを机上の空論では終わらせず、現実社会の中で闘い、実際化していこうとする人なのです。

　周囲の人々は、そんなあなたに全幅の信頼を寄せ、さまざまな仕事や頼みごとを持ち込んでくるでしょう。あなたはその期待にこたえようと、誠心誠意尽力し、ますます実力を上げていくことになるのです。

　ただし、ナンバー 22 がその性質を完全に燃焼させるには、ライフ・パス・ナンバーかディスティニー・ナンバーにも 22 が入っている必要がありそうです。もし自由や遊びを求めるナンバーや、空想世界に浸ることを好むナンバーが入っているとすると、いくら「やりたい」と思っても、実際問題、取り組んだところで生産性には限界があるでしょう。

　とはいえ、生来のパワーに恵まれているあなた。あなたが掲げる理想は、多くの人々を鼓舞します。そしてあなたの言動は、何であれ社会貢献へとつながっていくはずです。

あなたはとっても楽観的。
だってそうでしょう？
わたしなら到底無理だと思って諦めてしまうことを、
あなたは、いとも簡単に取り組み始めちゃうんだから。
どうしてそんなに前向きでいられるのですか？

Personal Year/Month/Day Number

Ⅵ 自分のこれから。年・月・日のテーマと課題。

Personal Year/Month/Day Number [パーソナルイヤー/マンス/デイナンバー]

　モダン・ヌメロロジーでは、あなたの未来を9年ごとのサイクルによって予測していきます。いえ、予測というよりも、与えられるテーマや課題といったほうが適当かもしれません。
　1から9までのそれぞれのナンバーが、ナンバー固有のメッセージを携えて、「今年はこんな年にしましょう」と取り組むべき課題を投げ掛けてくるのです。
　あなたがそれを意識すれば、比較的スムーズにその年のテーマをクリアーしていくことになるでしょう。
　そうしてあなたの人生が、9年ごとのサイクルによってリズムを踏んでいくことになるのです。

　この9年サイクルの流れを「恋愛」にたとえて簡単に見てみることにします。
　ある年に、あなたはある人と出会ったとします。それがスタートの年。徐々に打ち解け始めたふたりは、翌年にパートナーシップが生まれ始めます。これが2年目。信頼関係が築かれた3年目は、お互いの友人を招いてパーティーを催したり、ふたりで旅行をしたりして、存分に楽しみます。4年目に入ると、そろそろ関係を安定させたいと思い、将来を誓います。そして落ち着いた生活を手に入れた5年目になると、それぞれが自分のことに夢中になっていきます。これまでのルールを侵したり、新たな事柄にチャレンジすることもあるでしょう。そして6年目には、再び向かい合い、互いの愛情を深めます。7年目になると、これまでのことを振り返りながら静かな時間を過ごし、8年目はふたりで夢に描いていたものを手に入れます。そして最後の年、9年目には、あるひとつのサイクルが終えんを迎え、そしてまた翌年、ふたりで築く新しいステージに向

自分のこれから。年・月・日のテーマと課題。

かって、スタートを切っていきます。
　サイクルは、そのような流れでらせんを描いて巡っていきます。
　また、この例では「ふたりで送る9年」としてつづりましたが、実際には、あなた個人のテーマとして、運勢が展開されていくことになるでしょう。

　モダン・ヌメロロジーでは、この9年のサイクルのほか、9ヶ月間のサイクル、9日間のサイクルがあり、年ごとのナンバーをパーソナル・イヤー・ナンバー、月ごとのナンバーをパーソナル・マンス・ナンバー、日ごとのナンバーをパーソナル・デイ・ナンバーと呼びます。
　年ごとのテーマは、年間をとおしてじわじわと影響を与えてくるものですから、あなたの運勢にとっても強いけん引力となるはずです。ナンバーによっては頑張り時や大転換期を与えてくるものもあり、あなたの人生と内なる欲求を、大きく揺さぶってくることになるでしょう。

　ある男性は、年の初めに「今年は、仕事は二の次にして家族と一緒にゆっくりと過ごそう」と決めていました。しかし、いざ会社が始まってみたら自分が考えていたようには休んでもいられず、さまざまなところから仕事の話が持ち掛けられます。そうこうするうちに、彼自身も仕事に対する野心がむくむくとわき起こってきて……。そんな年は、ナンバー8の年であるはず。
　このように、ナンバーは知らず知らずのうちにもあなたの運勢をある方向に導いていきますから、先んじてパーソナル・イヤー・ナンバーから送られるメッセージを知っておくのも肝要でしょう。そ

の年の傾向を知れば、戸惑うことなく運勢の流れにスムーズに乗っていくことができるでしょうから。
　また、月ごとや日ごとに移り変わるナンバーは、あなたの日常をあっという間に通過していくように感じられるかもしれません。ただしそれでも、ナンバーのテーマやチャレンジを意識していれば、ことの運びがスムーズに進んでいくことに気が付くことでしょう。

　さて、まずはパーソナル・イヤー・ナンバーのテーマを、今年のあなた、昨年のあなた、一昨年のあなたと、順を追って重ね合わせてみてください。そして9年サイクルの流れを感じ取ってみましょう。
　次に、今月のチャレンジや明日したらよいことにも目を向け、ひとつひとつのテーマを生活に取り入れてみてください。
　テーマに沿って日々を送っていくと、繰り返されるサイクルによって、未来を感覚的に予測できるようになったり、流れに乗ることで運が開けてきたりすることでしょう。
　ナンバーは、今年、あなたに何を与えてくれるでしょう？
　ナンバーは、今月、どんな方向に導こうとするでしょう？
　ナンバーは、今日、あなたをどんな気分にさせるでしょう？
　数の響きに、耳を澄ませてみてください。

☆パーソナル・イヤー・ナンバー
　パーソナル・イヤー・ナンバーを導き出す公式は次のとおりです。

誕生月＋誕生日＋ある特定の年
＝パーソナル・イヤー・ナンバー

たとえば、2月10日生まれの人の2006年という年のパーソナル・イヤー・ナンバーを計算してみましょう。

　①誕生月　　誕生日　　ある特定の年
　　　2　　＋　10　　＋　　2006　　＝　11
②さらに11という数を一桁の数へと還元します。
1＋1＝2………パーソナル・イヤー・ナンバー

　パーソナル・イヤー・ナンバーは、1から9までの数のみを使います。従って、計算してみると分かるように、パーソナル・イヤー・ナンバーは、1から9までが順に規則的に繰り返されることになります。モダン・ヌメロロジーでは、これをナイン・イヤー・サイクル（the Nine Year Cycle）と呼んでいます。
　次に、1から9までのナイン・イヤー・サイクル、それぞれの簡単な意味を列挙してみましょう。

　　　　　　パーソナル・イヤー1　　始まり
　　　　　　パーソナル・イヤー2　　結び付く
　　　　　　パーソナル・イヤー3　　創造する
　　　　　　パーソナル・イヤー4　　建設する
　　　　　　パーソナル・イヤー5　　変化する
　　　　　　パーソナル・イヤー6　　育てる
　　　　　　パーソナル・イヤー7　　見直す

　　　　　パーソナル・イヤー8　　　拡張する
　　　　　パーソナル・イヤー9　　　完成する

☆パーソナル・マンス・ナンバー
　続けて、パーソナル・マンス・ナンバーについて説明します。導き出し方は次のようになります。

　　　　パーソナル・イヤー・ナンバー＋ある特定の月の数
　　　　＝パーソナル・マンス・ナンバー

　たとえば、2月10日生まれの人の2007年12月のパーソナル・マンス・ナンバーは次のようになります。

①まず、先ほどの手順で2007年のパーソナル・イヤー・ナンバーを導き出します。
$$2 + 10 + 2007 = 12$$
$$1 + 2 = 3$$
②パーソナル・イヤー・ナンバー3に、12という月の数を足します。
$$3 + 12 = 15$$
$$1 + 5 = 6 \cdots\cdots\text{パーソナル・マンス・ナンバー}$$

☆パーソナル・デイ・ナンバー

　最後に、パーソナル・デイ・ナンバーを説明します。導き出し方は次のとおりです。

　　　パーソナル・マンス・ナンバー＋ある特定の日の数
　　　＝パーソナル・デイ・ナンバー

　たとえば、2月10日生まれの人の2007年12月24日のパーソナル・デイ・ナンバーは次のようになります。

①先ほどすでに計算したように、2月10日生まれの人の2007年12月のパーソナル・マンス・ナンバーは6です。
②パーソナル・マンス・ナンバーに、24という日の数を足します。
　　　　　　　　6 + 24 = 30
　　　　　3 + 0 = 3………パーソナル・デイ・ナンバー

Personal Year/Month/Day Number = 01

<Year>

パーソナル・ナンバー【01】の『年』のテーマ

　ナンバー1の年のテーマは「スタート」。何か新しいことを始めましょう。そのためには、あなたが自分の心の芽吹きに素直になることが大切です。「やりたい」と感じることがあれば、あれこれ考えるよりもまず先に、行動に移すよう心掛けましょう。あなたが、好奇心の赴くまま新しいことに積極的に取り組みさえすれば、サイクルの波はあなたを次の展開へとスムーズに運んでくれます。

　ただし、この年は、ほかのどの年にも増して「勇気」が必要とされることも忘れてはなりません。まだ見ぬ未来に向けて確実な一歩を踏み出すためには、変化に対する覚悟も必要なのです。
　意気込んだり焦ったりする必要はありませんが、足踏みばかりしていないで、自信を持って、あなたの意志を行動によって表明していきましょう。

　また、始まりの年となるこの1年は、種まきの時期にも当たります。よい花を咲かせるためには、よい種をまくことが肝心です。自分自身に偽りのない、あなたらしい種をまくと確実な成果を得ることができるでしょう。
　この年は、比較的「自分で動く」ことが要となる年ではありますが、新天地に向かうために必要とされるつてや人脈、情報は、自然と用意されていきます。常にアンテナを張っておくことも、心にとめておきましょう。

【テーマ・課題】
始まり。スタート。先頭に立つ。自立する。改革する。

<Month>

パーソナル・ナンバー【01】の『月』のチャレンジ

・もっと自分を主張しましょう。
・自分自身に誇りを持ちましょう。
・人と出会いましょう。
・転職活動や引っ越しもよいでしょう。
・仕事面ではリスクを恐れずに自分の信念を打ち出しましょう。
・規則正しい生活にシフトさせましょう。

<Day>

パーソナル・ナンバー【01】の『日』にすると良いこと

・企画を立てる。　　　　　　・自分を売り込む。
・アイディアを練る。　　　　・習いごとを始める。
・初めての場所に行く。　　　・今後の目標を立てる。
・髪の毛を切る。　　　　　　・お財布を新調する。
・好きな人にアプローチをする。・マラソンを始める。

●この日は早計な判断により失敗しやすいので注意しましょう。

むくむくとわき起こる欲求。
モヤモヤとした期待感。
それは、次のステージへの予感。
心の声を聴き逃したりしないで。
あなたのチカラを呼び覚まして、一歩を踏み出して。

Personal Year/Month/Day Number = 02

<Year>

パーソナル・ナンバー【02】の『年』のテーマ

　ナンバー2の年のテーマは「人間関係」。"思い"を自分ひとりで貫くのではなく、人と向かい合い、協力することを学びましょう。昨年何かをスタートさせた人は、今年は、それをゆっくり進めていくことになるでしょう。

　また、「パートナーシップ」が課題となるこの年は、だれかからサポート役を頼まれることが増えそうです。あるいは、恋人や伴侶と過ごす時間が多くなるでしょう。今年は、あなたの内側にあるカウンセリング能力が高まっている時ですから、相手の気持ちをくみ取り、相手に寄り添えば、最上のいやしと安心感を提供することができるはずです。

　ただし不安定要素として、パワーの強い相手に合わせ過ぎて、振り回されてしまう可能性もないわけではありません。そういう場合は、立ち直るまでに少々時間が掛かるかもしれませんが、その過程で、あなたは心の中心線が強まっていくことを感じるでしょう。中心の定まったぶれない心は、安定したパートナーシップを引き寄せます。そうしてあなたは、いっそう人間関係に熟達していくのです。

　また、この年のあなたは、美への感性や細部に対する観察力も増しています。センスのよいものを求めたくなったり、細かい点が気になることも多そうです。そういう欲求が生じたら、「時間やお金の無駄遣い」などとは思わずに、微に入り細をうがち、あなたの感性が満足するまで対象に磨きを掛けていきましょう。

【テーマ・課題】
パートナーを組む。人間関係を学ぶ。感受性が鋭くなる。

<Month>

パーソナル・ナンバー【02】の『月』のチャレンジ

- 聞き役に徹してみましょう。
- だれかをサポートしましょう。
- バランスの取れたパートナーシップを築きましょう。
- 情報を集め、客観的な視点から分析をしましょう。
- 自分の美意識を高めましょう。
- インテリアの模様替えをするのもよいでしょう。

<Day>

パーソナル・ナンバー【02】の『日』にすると良いこと

- 人からの相談事を聞く。
- 共同作業をする。
- 情報収集をする。
- 事務作業をする。
- 奉仕活動に参加する。
- 友情を育む。
- 妥協をする。
- 人にアドバイスをする。
- 仕事の細部に取り組む。
- 美術館に行き、感性を高める。

● この日は他人のトラブルに巻き込まれやすいので注意しましょう。

だれかの声を聴く。
だれかの声に耳を傾ける。
だれかの心に寄り添う。
だれかに自信をあたえる。
そうしてあなたは、自分の居場所を感じるでしょう。

Personal Year/Month/Day Number = 03

<Year>

パーソナル・ナンバー【03】の『年』のテーマ

　ナンバー3の年のテーマは「楽しむこと」。この年は、比較的楽観的な気分で過ごすことができる一年が用意されています。先々のことを案じたり、不必要に計画的になり過ぎることなく、思う存分「今」を楽しみましょう。

　趣味や習いごとも、できるかぎりあなたが明るい気持ちになれる内容を選ぶのが肝要です。可能ならば、仕事も同様の基準で選別するとよいでしょう。

　そのような「楽しい時間」を過ごす中で、あなたは自分らしさをのびのびと表現することを知り、自分の人生をもクリエイトできるようになるのです。

　また、社交的な面が引き出されるこの年は、多くの人物に興味がわきやすくなるでしょう。グループやサークルからのお誘いも増えることが予想されますから、おくせず、積極的に人脈を広げていくように。さまざまなタイプの人たちとかかわっていく中で、あなたの創造性はますます活性化されていくのですから。

　また、高まった創造性と空想力は、あなたをあらゆる種類のアーティストに押し上げる可能性もあります。絵を描くこと、文章を書くこと、歌を歌うことなど、自己表現する技術を磨いてみるのもおすすめです。

　この年の天衣無縫さは、あなたの枠を限ることなく、どこまでも羽ばたかせてくれることでしょう。

【テーマ・課題】
楽しむ。人と出会う。社交する。表現する。創造する。

<Month>
パーソナル・ナンバー【03】の『月』のチャレンジ

- あらゆるものをとにかく楽しみましょう。
- 楽観的な視点から眺めてみましょう。
- 好きなことを見付けましょう。
- 社交の場に出掛けましょう。
- 自由な感性で、書いたり話したりしましょう。
- 近場に旅行するのもよいでしょう。

<Day>
パーソナル・ナンバー【03】の『日』にすると良いこと

- よく笑う。
- 小説を書く。
- 冗談を言い、人を笑わせる。
- 子どもと遊ぶ。
- トレンドの店に入る。

- 仲よしの友人と集まる。
- 夢を描きメモする。
- 趣味を楽しむ。
- クレヨンで絵を描く。
- 営業をする。

●この日は誘惑に乗りやすいので注意しましょう。

浮き立つ心。
創りたい欲求。
楽しくありたい。うきうきしたい。
もっとのびのびと。もっとときめいて。
もっともっと、空に向かって。

Personal Year/Month/Day Number = 04

<Year>

パーソナル・ナンバー【04】の『年』のテーマ

　ナンバー4の年のテーマは「安定」。そして「実際性」。現実社会における安定感や信頼感を高める働きが必要とされます。空想にふけるよりも、生産性を重視するのが大切です。イメージを現実のものとするため、着実に働きましょう。昨年、多少ハメを外した人も、今年は地に足を着けるとしましょう。

　実際、あなたは「自分の人生を安定させるには、一歩一歩の積み重ねが大切だ」と感じることでしょう。

　今年は、あなたの理想や目標に現実的な働き掛けをし、形を成していく年なのです。

　また、あなたの中にある「まじめさ」が強まる時でもありますから、普段お金の無駄遣いをしがちな人や、時間を守るのが苦手な人は、今年こそ自分を律するよう努めてください。

　そのほかにも、職場やサークルなどで重要な役割を担ったり、不動産を買ったり、相手がいる人は結婚をするのもよいでしょう。実際、そのような出来事が舞い込みやすくもなるのです。

　あなたが責任を引き受ける方向で動きさえすれば、あなたはいっそう確かな人格を身に付け、それと同時に将来へのいしずえを築いていくこととなるでしょう。

　注意事項として、今年は、少々頑固になりやすい傾向もあります。人からアドバイスを受けた時、必要以上に反論を加えている自分に気がついたら、いったん心を静め、素直な心を呼び戻してみるのが肝要です。

【テーマ・課題】
安定する。責任を担う。現実的。まじめになる。根気強くなる。

<Month>

パーソナル・ナンバー【04】の『月』のチャレンジ

・身近なところから足固めをしましょう。
・倹約をし、貯蓄をしましょう。
・精一杯働きましょう。
・物事や目標を、現実的な視点から眺めてみましょう。
・やり掛けの仕事を完成させましょう。
・自分にルールを作りましょう。

<Day>

パーソナル・ナンバー【04】の『日』にすると良いこと

・家計簿を付ける。
・一心不乱に打ち込む。
・短期間で達成可能な計画を立てる。
・5分前行動をする。
・家を掃除する。

・多くの仕事を引き受ける。
・保険に加入する。
・契約をする。
・生活必需品を買う。
・マラソンをする。

●この日は頭が固くなりやすいので注意しましょう。

現実と向き合う時です。
空想の世界に逃げたりしないで。
慢心にも負けないで。
あなたは、形を建設するのです。
着実な努力によって、城を造るのです。

Personal Year/Month/Day Number = 05

<Year>

パーソナル・ナンバー【05】の『年』のテーマ

　ナンバー5の年のテーマは「チャレンジ」。枠にとらわれない自分を発見する時です。

　昨年、制約やしきたりの中で、少なからず不自由さを感じていた人は、今年はすがすがしい空気を吸うとよいでしょう。まだ開いたことのない扉のノブを、ぜひ引いてみてください。

　ただしそれは、これまで築いてきたものをすべて壊し、未知なる世界に飛び立つわけではありません。あくまでも、培ってきた能力や人間関係、身に付けた社会性などを土台にしたうえでの新たなるチャレンジ、さらなる拡大をする時。そしてあなたは、自分のルールで生きるという、責任ある自由さを知ることになるのです。

　もし、あなたが道から外れることを恐れて、二の足を踏んでばかりいる場合は、状況のほうが変化を促してくることもあるでしょう。会社が倒産したり、安定していた取引先から契約を切られてしまったり、大家から引っ越しを求められたり……。

　一見すると不運な出来事のように思えるそれらは、実は、あなたに"自由"を与えるべきもの。突然舞い込むアクシデントを通じて、あなたは、変化や不確かな状況に速やかに対応できるすべを学んでいくのです。

　また、この年、あなたの本能は刺激を受けやすい状態になっています。恋をしやすくもあります。本能的な部分がけん引される対象に積極的に向かっていくのも、あなたの自発性を育んでいくことになるでしょう。

【テーマ・課題】
冒険する。挑む。刺激を受ける。変化に対応する。恋をする。

<Month>

パーソナル・ナンバー【05】の『月』のチャレンジ

・不確かでも恐れずに変化しましょう。
・いつもの決まり事を破ってみましょう。
・恋に大胆になってみましょう。
・外交的になりましょう。
・新しいことにチャレンジしましょう。
・ロマンティックな時間に浸るのもよいでしょう。

<Day>

パーソナル・ナンバー【05】の『日』にすると良いこと

・旅行の計画を立てる。 ・模造紙に落書きをする。
・スポーツジムに行く。 ・ピンと来た相手に声を掛ける。
・宝くじを買う。 ・友人と騒ぎに行く。
・少額でギャンブルをする。 ・転職活動をする。
・名刺をもらった相手に連絡を取る。

●この日は飲み過ぎ、食べ過ぎ、浮気に注意しましょう。

波が来る。波に乗る。
次の波が来る。次の波に移る。
その中であなたは、胸をときめかせている。
ドキドキしながら、波と戯れている。
あなたは、挑み続けている。

Modern Numerology

Personal Year/Month/Day Number = 06

<Year>

パーソナル・ナンバー【06】の『年』のテーマ

　ナンバー6の年のテーマは「責任」。そして「愛」。だれか大切な人のために、もしくは利他的な精神から、責任ある大人に成長する時です。

　昨年は、あなた自身の枠を広げる期間でしたが、今年は周囲全体のレベルアップを望むことでしょう。

　現実的な現象としては、家族の面倒を見ることになったり、身近なだれかの相談役を担ったり、結婚している人であれば子どもが増えるかもしれません。

　職場では、人のために、人と一緒に、働くことを楽しむでしょう。そしてあなたは、自分に課せられた普段以上の仕事に、やりがいや生きがいを感じるはずです。この時期のあなたは、自分とかかわる人たちが安全と安心を得て、そして成長していくことが何よりの喜びになるからです。

　ただし、父性や母性的な面が出過ぎると、過保護にも傾きかねません。今年のあなたは、「自分が導かなくては」という思いから、他者を心配し過ぎる傾向があるのです。その結果もめごとに転じては元も子もありませんから注意しましょう。

　今年は、他者を許し、他者を愛し、他者を守り、そうする中で自分自身を成熟させていく時。

　自分のことよりも人の欲求にこたえることが増えるかもしれませんが、最終的には、あなた自身が真からの安心感と平和な心を知ることになるでしょう。

【テーマ・課題】
責任を持つ。愛する。守る。導く。安心を得る。安心を与える。

<Month>

パーソナル・ナンバー【06】の『月』のチャレンジ

- 家族との時間をたっぷり取りましょう。
- 人生を調和させましょう。
- 目下の人にアドバイスをしましょう。
- 人の悩みごとを聞いてみましょう。
- 自分の良心に焦点を当てて行動しましょう。
- 家のリフォームをするのもよいでしょう。

<Day>

パーソナル・ナンバー【06】の『日』にすると良いこと

- 人の悩みごとを聞く。
- 親戚の子どもを預かる。
- 母性的になる。
- 料理をする。
- 愛する人と語らう。
- アドバイスをする。
- 援助をする。
- 親孝行をする。
- ガーデニングをする。
- 芸術にふれる。

●この日は頼まれると安請け合いしやすいので注意しましょう。

愛を惜しみなく表して。
愛を存分に受け取って。
出し惜しんだり、恥ずかしがったり、疑ったりせずに。
オープンな心で、愛を体現して。

Personal Year/Month/Day Number = 07

<Year>

パーソナル・ナンバー【07】の『年』のテーマ

　ナンバー7の年のテーマは「内省」。今年は、思考面をフルに働かせる年になるでしょう。

　あなたの心を煩わす雑事や雑音から距離を置き、自分の考えをまとめたいという欲求に駆られやすくなります。これまでのことを振り返ったり、これから先のことを考えるために、ひとりの時間と空間を多く取りたいと願うでしょう。

　人によっては、自分の才能を育てたい、技術を磨きたいと欲し、自身の内面に分け入っていくこともあるでしょう。日記や小説を書き始めたり、静かな環境に移り住むかもしれません。

　今年は、ある意味、小休止の年とも言えます。行動面ではお休みを取りながら、内面を充実させる時なのです。

　神秘的な事象や哲学的な思考といった、形而上的な事柄に関心の向きやすい時でもあります。古書のひもを解き先人の知恵にふれてみれば、あなたは多くの気付きに満たされることになるでしょう。

　同様に、洞察力や分析力、追究能力の高まっているこの時期に、あなたの専門分野を深めてみることもおすすめします。

　このように、知識を身に付けたり、技術を磨くことによって魂が向上するこの年は、他者への関心が薄れる傾向にもあります。恋人や家族には、あなたの欲求をきちんと伝え、理解してもらえるよう努める必要があるでしょう。

【テーマ・課題】
瞑想する。学ぶ。追究する。分析する。技術を磨く。自分の時間を持つ。

<Month>

パーソナル・ナンバー【07】の『月』のチャレンジ

- 趣味を極めてみましょう。
- 研究や学習に精を出しましょう。
- 静かな環境に身を置きましょう。
- 計画の総点検をしてみましょう。
- 高次の自己と対話をしましょう。
- ひとりの時間を多く作りましょう。

<Day>

パーソナル・ナンバー【07】の『日』にすると良いこと

- 読書をする。
- 趣味に時間を使う。
- 調べものをする。
- 瞑想をする。
- 名刺やアドレス帳の整理をする。
- 公園に行く。
- ひとりで喫茶店に行く。
- セラピーやカウンセリングを受ける。
- お風呂でゆったりくつろぐ時間を持つ。

●この日は懐疑的、批判的になりやすいので注意しましょう。

目を閉じて、思考を止める。
すると、真実が見えてくる。
対象から距離を取る。
すると、全体像が見えてくる。
今は心を静め、真理を求める時です。

Personal Year/Month/Day Number = 08

<Year>

パーソナル・ナンバー【08】の『年』のテーマ

　ナンバー8の年のテーマは「影響力を振るう」。そして「手に入れる」。この年のあなたはパワーに満ちています。昨年、内省を深めて「自分」を見つめられた人ほど、今年は内面の力を携えていることでしょう。

　今年は、再び現実社会と向き合い、能力を発揮し、現実的・物質的成功を手にする時。
　より大きな成果を手にするために、あなたは人々を説得し、人々をまとめ、状況をコントロールすることになるかもしれません。
　あなたが最も力を振るいやすい環境は、団体や組織、そして会社。そういった場でひとたびあなたが腕を振るえば、状況はあなたを後押しし、面白いようにコマが動き始めるでしょう。また、周囲にいる人々も、あなたの能力を認め、あなたに従おうとするでしょう。そしてあなたはますます責任感を強め、勤勉にもなり、結果、自分だけではなく多くの人々の利益をも上げることになるのです。
　今年は、利益や権威を得るほか、そうするための手段と能力を養う年でもあるのです。

　また今年のあなたは、あまり社交的ではないかもしれません。というのも、目標達成への希求が普段以上に強まっているから。働くこと以外の時間を、自分に与えることを渋りがちになるでしょう。
　趣味を持っている人は、プロとして活躍できるまでに上り詰められる可能性がある年です。努力してみましょう。

【テーマ・課題】
成功する。お金を得る。勤勉に働く。正義感を育てる。人をまとめる。

<Month>

パーソナル・ナンバー【08】の『月』のチャレンジ

- ワンランク上の地位を狙ってみましょう。
- 部下や後輩を監督しましょう。
- お金に対する意識を強めましょう。
- 大きなプロジェクトを引き受けてみましょう。
- 自分を売り込みましょう。
- 権力のある人に近づいてみましょう。

<Day>

パーソナル・ナンバー【08】の『日』にすると良いこと

- 大きな買い物をする。
- まとめ役を買って出る。
- プロ意識を持つ。
- ビジネスライクに考える。
- 税理士に相談をする。
- 一生懸命働く。
- 不動産投資をする。
- チャンスに乗る。
- 新しい企画のプレゼンテーションをする。

● この日は高圧的な態度になりやすいので注意しましょう。

　　　　　　わき立つ心。
　　　　　生まれくる野望。
　　　　今年は、もっと頑張れます。
　　　　エネルギーが増してきます。
　　　　　　もっと、もっと。

Modern Numerology

Personal Year/Month/Day Number = 09

<Year>

パーソナル・ナンバー【09】の『年』のテーマ

　ナンバー9の年のテーマは「魂の浄化」。自身の心のひだを感じやすくなり、他者への共感能力も高まることでしょう。
　また、9年サイクルの集大成にあたるこの年には、何かを完了させたり、何かを手放すこともありそうです。

　あなたがまだ精神的に成熟できていない場合は、これらの出来事は、不運にしか感じられないかもしれません。いえ、ある程度成熟していても、精神は大きく揺さぶられることになるでしょう。これまで持っていたものを手放したり、続けていることを止めざるを得ない時には、だれもがそのように感じるものです。
　しかし、これらの現象は、あなたに達観を促すためのもの。個人は何も所有できないということ、すべての現実には栄枯盛衰があるということ、そして変化のみが永遠であることを知るために起こる出来事なのです。
　それらの真理にすでに心の目がひらかれている人は、悲しみよりも感謝の気持ちが生じてくることでしょう。

　また今年は、人々の幸せを願ったり、世の中がもっとよくなることに関心が向きやすい傾向があります。あるいはまた、人の魂に感動を与え、清める、芸術や芸能へひきつけられるかもしれません。
　さまざまな人の悩みに共感ができ、物事を多角的に眺め、高い視点から解釈できる、そういった理解力と精神性を養っていくことになるでしょう。

【テーマ・課題】
浄化。サイクルの終わり。理解力を育てる。人道的。芸術性の開花。

<Month>

パーソナル・ナンバー【09】の『月』のチャレンジ

- さまざまな視点から眺めてみましょう。
- 外国語を学びましょう。
- 無駄な執着は手放してしまいましょう。
- 新しいスタートに向け、古いものは整理しましょう。
- 成り行きを見守りましょう。
- インスピレーションをメモに取りましょう。

<Day>

パーソナル・ナンバー【09】の『日』にすると良いこと

- 海外旅行の計画を立てる。
- 演劇をみる。
- ストレッチをする。
- 区切りを付ける。
- 寛容になる。
- 知り合いを増やす。
- 人の主張に耳を傾ける。
- 哲学書を読む。
- 新しい視点を得る。
- スピリチュアルな考えにふれる。

●この日は他者の意見に流されやすいので注意しましょう。

悲しみに遭い、痛みを感じる。
そしてあなたは、やさしくなる。
手放して、失う。
そしてあなたは解放される。
すべては、導かれるままに。

Relationship Number

Ⅶ 恋愛の行方 ～相性診断～

Relationship Number 【リレーションシップ・ナン

　相性について述べる前に、まずはここで、本書における「恋愛観の見方」について述べておきたいと思います。

　まず、あなたの恋愛感を知るうえでもっとも注目すべきナンバーは、あなたの持って生まれた気質、性質を表しているライフ・パス・ナンバーになります。どんな人を好きになりやすいか、恋愛期間はどのように過ごすか、恋愛に対する価値観はどうかといった、おおまかな傾向を知ることができるでしょう。

　また、あなたの内なる欲望をあらわすソウル・ナンバーも、恋を知るうえで非常に大切です。このナンバーは、あなたが「こうしたい」「こうありたい」と思う欲求の部分で、あなたが身近な人の前で出しやすい側面です。恋愛スタイルにも大きくかかわってくるものと言えるでしょう。

　個々人の恋愛を知るうえでは、これら、ライフ・パス・ナンバーとソウル・ナンバーの、ふたつのナンバーをメインに見ていくことになります。

　ただし、好きな相手にアプローチする時や、交際したての恋愛初期の段階では、これらのナンバーよりも、むしろあなたの社会性を表すディスティニー・ナンバーや、人格をあらわすパーソナリティー・ナンバーのほうが、強く表れるかもしれません。

　また、人によっては、恋人に比較的簡単にソウル・ナンバーの顔を見せることができる人や、なかなか打ち解けられずにパーソナリティー・ナンバーの顔をいつまでも引きずる人もいるでしょう。

　その辺の、多面体である人間の妙がもっとも出てきやすいのが、この恋愛シーンにおいてかもしれません。

　それぞれのナンバーを比較しながら、「自分は、恋人に対してど

恋愛の行方 〜相性診断〜

のナンバーの特質が出やすいのか」また、「今現在、恋人にどんな自分でいる？」といったことを探るのも、自分を知るきっかけになるはずです。

そしてこの章では、それぞれのナンバーごとの「恋愛の相性」を述べています。【※なお、ナンバー11の人は恋愛傾向の似ているナンバー2の欄を、ナンバー22の人はナンバー4の欄をご覧ください。】
相性もまた、お互いのライフ・パス・ナンバー同士、ソウル・ナンバー同士、ディスティニー・ナンバー同士、パーソナリティー・ナンバー同士と、すべてのナンバーの掛け合わせを調べる必要があります。
その中でも、ライフ・パス・ナンバーでみる相性は、ふたりの基本的な部分——性質や感覚が合うかどうか？　を教えてくれるものとなり、ソウル・ナンバーでみる相性は、それぞれの魂が求めるものの相性になります。
そしてもし、ソウル・ナンバーが同じである場合は、ふたりの魂が求めているものが重なり、表面的にはどうであれ、時間がたつと見えてくる心の深い部分では、本当はほかのだれよりも理解し合える相手であると言えるでしょう。

しかし、自分自身の恋愛観を知るだけでもさまざまな顔があり、相性は、さらにそれらが複雑に絡み合っているもの。そう単純に解釈できるわけもありません。
最初はパーソナリティー・ナンバーの顔で接してきていた相手が、恋愛が進行したところ、ソウル・ナンバーの欲求的な側面を前面に押し出すようになるかもしれません。一方あなたのほうは、相

手の甘えや欲求を受け止める側になり、次第に、自分の本心を抑えざるを得なくなったり……。

　この章に書いてある恋愛の相性は、あくまでさわりの部分。恋愛が進行していく中で移り変わっていくふたりの関係性は、ふたりだけのものです。

　せっかく出会った好きな相手と、ずっと一緒に過ごしたいと思うなら、相手を尊重し、自分のことも大切にし、恋を大事に育んでいこうと努力していくことが肝心です。そしてその努力こそが、きっと、もっとも恋愛の行く末をにぎっていること。愛によって、人は変わるのです。

　お互いのそれぞれのナンバーを、ふたりが一緒にいることによって、さらによい方向に伸ばしていけるような、そんな関係性を築いていけたらよいでしょう。

Relationship Number = 01

まっすぐな恋愛をするあなた
「――好きな人とは、駆け引きせずにまっすぐ向かい合いたいわ。」

Your Relationship Number = 01, Partner's Relationship Number = 01
前に進もうと主張するふたり【01 × 01】
　お互いにしっかりとした意見を持っていますから、相手を尊敬できるでしょう。ただし対立した場合はどちらも妥協せず、衝突が長引くことになりそうです。相手の話を聞かないふたりではありますが、たまには聞く耳を持つように心掛けましょう。

Your Relationship Number = 01, Partner's Relationship Number = 02, 11
導く人【01】とついていく人【02&11】
　あなたは、「2&11」の人と一緒にいるとムリをする必要がなくなり、いやされます。ただ、ややもすると自己中心的になりやすく、そうすると相手は困ってしまうでしょう。パートナーを配慮するバランスを維持できれば、結婚もあり得る相性です。

Your Relationship Number = 01, Partner's Relationship Number = 03
元気な人【01】と活発な人【03】
　考えも行動もよく似た相性で、ふたりで一緒にいると、社交や遊びを存分に楽しめるでしょう。また、あなたは「3」の人と一緒にいると、相手を助け、かばいたくなります。お互いサッパリしていますから、けんかをしてもすぐに仲直りできるでしょう。

Relationship Number = 01

Your Relationship Number = 01, Partner's Relationship Number = 04, 22
飛び出す人【01】と手綱をにぎる人【04&22】
　ふたりのフィーリングはとても合っています。あなたは「4&22」の人が、自分との愛を大切にはぐくんでくれるのを嬉しく思うでしょう。ただしそれぞれ頑固な一面もありますから、お互いを尊重することが大切になります。慎重な相手に、じれったくなることも。

Your Relationship Number = 01, Partner's Relationship Number = 05
前を見る人【01】と四方八方を向く人【05】
　共に行動派で、ダイナミックな相性です。ただし、「5」の人はいつも外の世界を向いているため、あなたはなかなか安心できないかもしれません。束縛するのは難しい相手です。嫉妬心を燃やすことが苦にならないようなら、なかなか刺激的な恋でしょう。

Your Relationship Number = 01, Partner's Relationship Number = 06
困難に立ち向かっていく人【01】と見守る人【06】
　会話は弾むのに、近づいてみたらフィーリングはあまり合わないふたり。ただしその分、自分にない部分を補い合えるはずです。「6」の人は「守り」の強いタイプ。あなたは、相手と一緒にいると発言や行動への責任感がいっそう強まることでしょう。

Your Relationship Number = 01, Partner's Relationship Number = 07
ストレートな実践派【01】と試行錯誤する頭脳派【07】

　ふたりとも自分の目的に向かって邁進できる人。あなたは「7」の人と一緒にいると、甘えることができて安心できます。ただし、あなたが相手に近づき過ぎた場合と、尊敬を忘れた場合は、関係に危険が迫ります。相手の出方をうかがう配慮が大切です。

Your Relationship Number = 01, Partner's Relationship Number = 08
高みを目指す人【01】と上り詰めていく人【08】

　ふたりともプロ志向。協力体制が整えば、最強のコンビになるでしょう。また、あなたには「8」の人の能力が相当高く感じられて、憧れの感情も抱くこともあるでしょう。ただし、私生活ではお互いが主導権を握ろうとしてぶつかることも多そうです。

Your Relationship Number = 01, Partner's Relationship Number = 09
単純な人【01】と多面的な人【09】

　あなたは、「9」の人の視野の広さに心ひかれることでしょう。ただし、あなたの甘えが高じて自己中心的な面が強まり始めると、「9」の相手は悲しみを覚えます。関係を安定させるには相手の気配りに、感謝し続けることが大切になるでしょう。

Relationship Number =01×【?】

Modern Numerology

Relationship Number = 02 & 11

相手に合わせるいやし系のあなた
「―――好きな人には、できるかぎり寄り添ってあげたいわ。」

Your Relationship Number = 02, 11, Partner's Relationship Number = 01
しっとりタイプ【02&11】と元気なタイプ【01】
　あなたは「1」の人と一緒にいると楽しくてたまりません。また、建設的な考え方をする相手を、頼もしくも感じられることでしょう。ただし、寂しがり屋のあなたからすると「1」の人は少々さっぱりし過ぎかも。束縛しないように注意しましょう。

Your Relationship Number = 02, 11, Partner's Relationship Number = 02, 11
受け入れ合うふたり【02&11 × 02&11】
　ふたりはお互いの心の寂しさを理解でき、いたわり合えることでしょう。ただし、会話が弾むわりに実際の発展性は薄いかもしれません。というのも、お互い肝心なところで受身に回ろうとするから。どちらかが意識して行動的になる必要があるでしょう。

Your Relationship Number = 02, 11, Partner's Relationship Number = 03
観客【02&11】と話術師【03】
　息がピッタリと合う組み合わせ。あなたは「3」の人がもたらす楽しい時間に、最高の喜びを感じるはずです。また「3」の人がへこんだ時には、あなたは優しく包み込んであげられるでしょう。相手が人気者なのは気になりますが、申し分のない相性です。

Your Relationship Number = 02, 11, Partner's Relationship Number = 04, 22
安心を求める人【02&11】と安定的な人【04&22】
　あなたが信頼できる相手です。ただし交際期間が長くなるにつれ、倦怠感が押し寄せてくるかもしれません。あなたは「4&22」の人を「もっと自分のペースに巻き込みたい」と思うでしょうが、相手もなかなか頑固です。じれたりしないように注意しましょう。

Your Relationship Number = 02, 11, Partner's Relationship Number = 05
センスのよい人【02&11】と色っぽい人【05】
　ときめきの多い相性です。会話も弾み、あなたは「5」の相手が持つ魅力に夢中になることでしょう。ただし、「5」の人は多趣味であることが多く、あなたほど恋人を優先しません。「振り回されている」と感じてしまうこともあるかもしれません。

Your Relationship Number = 02, 11, Partner's Relationship Number = 06
トロける側と【02&11】包み込む側【06】
　「互いを助け合う」がモットーであるふたりは、相性も抜群です。愛し、愛され、深い信頼関係で結ばれるでしょう。ただ、あなたが「6」の人のテリトリーに入り込み過ぎると、相手は引いてしまうかもしれません。親切心は小出しにしましょう。

Relationship Number = 02 & 11

Your Relationship Number = 02, 11, Partner's Relationship Number = 07
繊細な人【02&11】と神秘的な人【07】
このふたりが向かい合うと、互いに警戒心が強くなります。親密になるまでには時間が掛かりそうですが、打ち解け合えばよい関係に。ただし、相手は自分の世界を持っている人です。あなたのほうは、どこか最後まで遠慮が残りがちかもしれません。

Your Relationship Number = 02, 11, Partner's Relationship Number = 08
甘える人【02&11】と親分肌の人【08】
長続きしやすい相性です。純粋さを持つ「8」の相手に、同じく純真なあなたは憧れることでしょう。ただし「8」の人はプライドが高く、自分の姿勢を崩さない一面があります。そこを、あなたがどこまで尊重できるかが鍵になるでしょう。

Your Relationship Number = 02, 11, Partner's Relationship Number = 09
感じやすい愛ある人【02&11】と爽やかな優しい人【09】
どちらかが押すと、どちらかが引きがちになる組み合わせ。ただし、相性はなかなかよいでしょう。注意するべき点は、博愛主義の「9」の人に、あなたが物足りなくなることです。「もっと私だけを見て欲しい」と独占欲を出さないのが肝心です。

Relationship Number = 03

出会いと社交を楽しむあなた
「―――好きな相手と一緒に笑って過ごせたら最高！」

Your Relationship Number = 03, Partner's Relationship Number = 01
場を盛り上げる演出家【03】とノリのよい人【01】
　考えも行動もよく似た相性で、ふたりが一緒にいることはごく自然です。また、あなたは「1」の人と一緒にいると、のびのびと振る舞うことができます。安定性には欠けるかもしれませんが、仕事でも遊びでも、楽しくクリエイトすることができる組み合わせ。

Your Relationship Number = 03, Partner's Relationship Number = 02, 11
エンターティナー【03】と喜ぶ人【02&11】
　息がピッタリ合うふたりです。あなたは気分が変化しやすい傾向がありますが、「2&11」の人の優しさにはいやされるでしょう。また、あなたがやりたいと思うことを、「2&11」の人は一緒に楽しんでくれます。居心地のよさは抜群でしょう。

Your Relationship Number = 03, Partner's Relationship Number = 03
魂を解放するふたり【03 × 03】
　ふたりの波長はピッタリ合います。また価値観も似ています。なのに、かなり不安定な組み合わせ。というのも、ふたりとも外の世界で忙しいのです。長続きさせるには、外の付き合いもほどほどにする必要が。同じ趣味を見付けるとなお、よいでしょう。

Modern Numerology

Relationship Number = 03

Your Relationship Number = 03, Partner's Relationship Number = 04,22
流れに乗る人【03】と着実に進む人【04&22】
　基本的には価値観が違う組み合わせ。ただし足りないところを補い合えれば、なかなかの相性に。あなたからすると「4 & 22」の人は面白みに欠けるところがあるかもしれませんが、あなたの人生に安定感をもたらしてくれる相手です。多くを見習ってください。

Your Relationship Number = 03, Partner's Relationship Number = 05
ジェットコースターに乗る人【03】と誘う人【05】
　お互い変化することが好きなタイプです。「5」の人と一緒にいると、あなたの人生観はますます広がりを見せることでしょう。ただし、あなたが「そろそろ腰を落ち着かせたい」と思った時が問題。縛られるのが苦手な相手ですから、焦りは禁物です。

Your Relationship Number = 03, Partner's Relationship Number = 06
頭の回転の早い生徒【03】と世話好きな先生【06】
　あなたが困った時は、「6」の人は非常に頼りになる存在となるでしょう。心から信頼でき、親子のように甘え合える相性です。ただし、あなたが元気な時は「6」の人を重たく感じてしまうことも。相手を"楽しさ"に巻き込むようにしましょう。

Your Relationship Number = 03, Partner's Relationship Number = 07

興味を持つ人【03】と持たれるエレガントな人【07】

「7」の人は、あなたの好奇心を刺激する存在。あなたは「もっと探りたい」と思うかもしれませんが、相手のガードは固めです。価値観にも差がありますから、適度に距離があるほうが安心な相性でしょう。お互いの自由を尊重するようにしてください。

Your Relationship Number = 03, Partner's Relationship Number = 08

あっさりした楽観派【03】と闘志を秘めたロマンティスト【08】

「8」の人の仕事さばきは頼もしく感じられますが、親密になると感性の違いに気付くことでしょう。あなたは意外とさっぱりしていますが、「8」の人は恋人の前ではロマンティストになります。相手のロマンを大切にしてあげることが肝心です。

Your Relationship Number = 03, Partner's Relationship Number = 09

目立つ人【03】とちまたの人気者【09】

ふたりの感性はピッタリ。「9」の人とは話していても楽しく、気持ちも通じ合うよい相性です。ただし、ふたりとも社交的な面がありますから、きずなが深くなる前に縁が切れてしまう可能性も……。早い段階から、ふたりの時間を多く持つようにしましょう。

Relationship Number = 04 & 22

恋愛によって人生を安定させたいあなた
「———お付き合いをするなら、結婚前提がいいわ。」

Your Relationship Number = 04, 22, Partner's Relationship Number = 01
枠から出る人【04&22】と連れ出す人【01】
　現実的な実行力があるふたり。さらにあなたは、「1」の人が自分を新しい世界へ連れていってくれるように思えることでしょう。ただし甘いムードが少なく、あなたは不満に感じそうです。フレンドリーな関係が、ふたりの落ち着きどころになるかもしれません。

Your Relationship Number = 04, 22, Partner's Relationship Number = 02, 11
現実力を発揮する人【04&22】とかいがいしい人【02&11】
　信頼できる相性ですが、交際期間が長くなるにつれダラダラとしたムードになりがちかもしれません。「2&11」の人は、あなたに親切にしてくれますが、それがだんだん重荷になることもあるでしょう。「2&11」の人の寂しさを理解して、優しさを見せましょう。

Your Relationship Number = 04, 22, Partner's Relationship Number = 03
家を建てる人【04&22】とそこにカラフルな色を塗る人【03】
　価値観は違いますが、その分、成長もできる組み合わせ。「3」の人と一緒にいると、あなたの世界観が広がることでしょう。ただし相手は楽観派。慎重なあなたの考えを理解してもらうまでには時間が掛かるかもしれません。ゆっくり進めていきましょう。

Your Relationship Number = 04, 22, Partner's Relationship Number = 04, 22
一見冷静、心の中は一途なふたり【04&22 × 04&22】
　お互い殻を破るのが苦手なため、甘い雰囲気になるまでには時間が掛かるでしょう。また、障害があるほうが燃えやすいカップルでもあります。交際が始まれば、まじめで建設的なふたりのこと。関係を将来までつなげていくことでしょう。

Your Relationship Number = 04, 22, Partner's Relationship Number = 05
夢を描きたい人【04&22】とロマンの中に生きている人【05】
　現実的なあなたと、夢を語る「5」の人。価値観は異なりますが、恋に落ちれば楽しい時間を過ごすことができるでしょう。あなたは、ついつい苦言を呈したくなりがちですが、過度なアドバイスは煙たがられてしまいます。すぐに結婚を迫るのもマイナスです。

Your Relationship Number = 04, 22, Partner's Relationship Number = 06
愛を現実的に表現する人【04&22】と全身であらわす人【06】
　価値観には違いがあるものの、ふたりのペースは同じくスローテンポ。「6」の人と一緒にいると、優しく穏やかな時間を過ごすことができることでしょう。ただし、お互いが頑固な一面をのぞかせると、関係が危うくなるので注意しましょう。

Modern Numerology

Relationship Number = 04 & 22

Your Relationship Number = 04, 22, Partner's Relationship Number = 07

石橋をたたく実利派【04&22】とリアリスティックな神秘家【07】

　友だちとしては非常に有効な関係です。お互い共通点もあり、ふたりが一緒にいると知的な面が引き出されます。ただし、親密になると「7」の人の繊細さに驚いてしまうかもしれません。相手のハートとロマンを傷付けないようにするのが肝心です。

Your Relationship Number = 04, 22, Partner's Relationship Number = 08

慎重な堅実派【04&22】と現実的な夢想家【08】

　現実的な考え方をするふたり。ただし、恋愛シーンになると「8」の人は途端にロマンティストになります。そんな一面が可愛く見えるなら合格です。「8」の人が方向性の舵取りをして、あなたが身近な世話を焼くようになるでしょう。

Your Relationship Number = 04, 22, Partner's Relationship Number = 09

実体を見る人【04&22】と広く多くを見る人【09】

　出会ってすぐから、あなたが自然体でいられる相性。「9」の人は器が大きく、あなたは心を許して話しをすることができるでしょう。また、お互いが学ぶことの多い関係でもあります。徐々に深い間柄に進展していく組み合わせと言えるでしょう。

Relationship Number = 05

刺激と興奮を求めるあなた
「———恋愛？　ただ自分の本能に従うだけよ。」

Your Relationship Number = 05, Partner's Relationship Number = 01
変化を求める人【05】と目標にまっすぐな人【01】
　共に行動派で、ダイナミックな相性。あなたから見て、「1」の人は人間的にも信頼できる相手でしょう。ただし、多くの事柄に関心があるあなたに対し、「1」の人は「いつも自分のほうを向いていて欲しい」と望みます。愛を伝える努力が必要でしょう。

Your Relationship Number = 05, Partner's Relationship Number = 02, 11
ドンファンタイプ【05】とジュリエットタイプ【02&11】
　あなたは「2&11」の人に会うと、心が休まることでしょう。また、知的な会話も弾む相性。ただし、外に刺激を求めるあなたは「2&11」の相手をないがしろにしがちな傾向も。あなたが、恋人との時間をどこまで作れるかが鍵になるでしょう。

Your Relationship Number = 05, Partner's Relationship Number = 03
翻ろうする人【05】と遊びに夢中になる人【03】
　問題があっても重たくなり過ぎず、前向きに乗り越えていける組み合わせ。あなたは「3」の人が考えていることを、だれよりも深く理解できることでしょう。ただし、お互いが社交的なため、どちらかに浮気の可能性も。同じ趣味を持つとよいでしょう。

Modern Numerology

Relationship Number = 05

Your Relationship Number = 05, Partner's Relationship Number = 04, 22
自由に泳ぐ人【05】と浮き輪を渡す人【04&22】
　プラスとマイナスと言えるくらい価値観の違うふたり。ただしその分、引き合う部分も大きいでしょう。「4 & 22」の人は現実的な考え方をしますから、あなたからすると耳が痛いこともありそうです。とはいえ、とても頼りになる相手とも言えるでしょう。

Your Relationship Number = 05, Partner's Relationship Number = 05
向かい合う恋だけでは物足りないふたり【05 × 05】
　情熱的なふたりですから、恋愛初期はとても熱く燃え上がることでしょう。ただし、親密になるとぶつかり合うこともしばしばありそうです。お互い、寄り添うことが苦手なのです。それぞれの夢や希望を尊重し、応援し合える関係を維持しましょう。

Your Relationship Number = 05, Partner's Relationship Number = 06
危険な遊びをする子ども【05】と見守る保護者【06】
　あなたは愛情あふれる「6」の人を見ていると、ほっと心が安らぐことでしょう。とはいえ、あなたは相手が望むほど、恋人ばかりと向き合ってもいられません。どこかで折れないと、「6」の人は違う相手を見付けてしまうかもしれません。

Your Relationship Number = 05, Partner's Relationship Number = 07
見とれる側【05】と真理を愛する高貴な人【07】

　お互いが自分の趣味を追求しますから、接点を持ちづらい組み合わせです。あなたは「7」の人の魅力に傾倒しがちですが、親密になる前にほかに目移りしてしまう可能性も。精神的なつながりを大切にし、相手への関心を失わないようにしましょう。

Your Relationship Number = 05, Partner's Relationship Number = 08
ダイナミックな人【05】とパワフルな人【08】

　大きなビジョンを持っているふたりは、恋に落ちやすい組み合わせ。「8」の人の強いエネルギーに、あなたは参ってしまうことでしょう。ただし、少々持続性に欠けるあなた。時間がたつと恋が終わってしまう恐れも。夢を語り合いながら関係を維持しましょう。

Your Relationship Number = 05, Partner's Relationship Number = 09
甘えん坊の一匹狼【05】とその理解者【09】

　なかなかフィーリングが合う組み合わせ。「9」の人は、あなたの個性的な生き方、考え方を深く理解してくれるでしょう。ただしあなたが自分のペースでどんどん突き進み、相手と歩調を合わせなければ、関係も壊れてしまうので注意しましょう。

Relationship Number = 06

無償の愛を与えたいあなた
「―――好きな人のことを守りたいと思うのは、当然でしょ？」

Your Relationship Number = 06, Partner's Relationship Number = 01

導き手【06】とインスピレーションを得る人【01】

あなたは、「1」の人の自信を頼もしいと思うでしょう。共有する目標があって、役割分担がしっかりしていれば、ふたりとも責任感はあるので意外とうまくいく組み合わせです。ただし、プライベートシーンにおけるフィーリングは、ズレがちかもしれません。

Your Relationship Number = 06, Partner's Relationship Number = 02, 11

母親【06】とその腕の中で安心する人【02 & 11】

愛と信頼を重要視するふたりの価値観はピッタリ合います。相性もよいでしょう。ただし、初めに「似ている」と感じるほど、ふたりは同質ではありません。慎重なあなたが、「2 & 11」の人の意外な押しの強さに引きがちになることもありそうです。

Your Relationship Number = 06, Partner's Relationship Number = 03

優しい人【06】とのびのび振る舞う人【03】

お互いの優しさがかみ合い、気配りし合える組み合わせです。また、会話も弾む相性。ふたりは結婚してもよい関係を保てるでしょう。ただし「3」の人は意外とサバサバしています。あなたが世話を焼き過ぎると、煙たがられてしまうので注意しましょう。

Your Relationship Number = 06, Partner's Relationship Number = 04, 22

信じたい人【06】と信頼できる人【04&22】

「4&22」の人は頭が固いところがありますが、あなたの前では素直になれるでしょう。心を許す相手に、あなたはいっそう優しくしてあげたくなるかもしれません。ただし過度な親切心は拒絶されてしまいそう。時間を掛けるほど味が出る組み合わせでしょう。

Your Relationship Number = 06, Partner's Relationship Number = 05

待つ人【06】と戻ってくる人【05】

あなたからすると、「5」の人は刺激的な相手です。近寄ろうとすると逃げられたり、黙っていると近寄ってきたり。「5」の相手はマイペースですから、少しほうっておくぐらいがよいでしょう。交際をする場合は、心に大きなゆとりを持つ必要も。

Your Relationship Number = 06, Partner's Relationship Number = 06

愛し合いつつ受身なふたり【06 × 06】

お互い愛にあふれるタイプなのに、どうにも近づきづらい組み合わせです。ほかの用事で忙しかったり、相手を気遣い過ぎて遠慮がちになることもあるでしょう。親密になるには、どちらかがもう少し強引になる必要もあります。積極的に誘いましょう。

Relationship Number = 06

Your Relationship Number = 06, Partner's Relationship Number = 07
芸術を愛する人【06】と真理を愛する人【07】
　ふたりとも繊細な優しさを持っています。プライベートなシーンでは、ムーディな時間を過ごせるでしょう。ただし、ふたりは人生に対する姿勢が全く違います。交際をするには、お互いの価値観の違いを認め合える、大人の関係になる必要があるでしょう。

Your Relationship Number = 06, Partner's Relationship Number = 08
保護者タイプ【06】と親分タイプ【08】
　ふたりの感性はとても合っています。なのに、無駄なところで意地を張り、どうにもらちが明かなくなることも。相手の方針には口を出さず、包み込んであげる気持ちでいることが大切です。すると、「8」の人は安心してあなたと過ごすことができるでしょう。

Your Relationship Number = 06, Partner's Relationship Number = 09
愛情深い人情派【06】と平和を愛する理想主義者【09】
　ふたりはフィーリングも考え方も相性抜群です。あなたは、心から信頼できる人と出会えたと思えることでしょう。「9」の相手も、あなたと一緒にいると「真実の愛」を感じることができそうです。早いうちにお互いの気持ちを確かめ合うことが大切です。

Relationship Number = 07

恋を分析する知性派なあなた
「―――たとえ恋をしていても、感情的になんてなれないわね。」

Your Relationship Number = 07, Partner's Relationship Number = 01
知の先駆者【07】と実のオピニオンリーダー【01】
　ふたりとも「自分の目的」を持って生きる人。お互いの世界観を尊重できるでしょう。また、あなたは「1」の人の率直で明るい面を好ましく思うはずです。ただし子どもっぽいなと感じ始めると関係に陰りが……。甘いムードを保つ努力も必要でしょう。

Your Relationship Number = 07, Partner's Relationship Number = 02, 11
自分の領域が大切な人【07】と遠慮する人【02&11】
　あまりベタつくことのない相性。距離があるふたりかもしれません。けれど、あなたは「2&11」の人の考えていることを理解できるので、あやすのはお手のもの。あなたが手を抜かなければ、よい関係を維持できます。優しい言葉を掛けてあげるようにしましょう。

Your Relationship Number = 07, Partner's Relationship Number = 03
刺激を受ける側【07】とトキメキを提供する側【03】
　会話の楽しいふたりです。また「3」の人は、あなたのことをコントロールできるめずらしい存在。ただし、あなたが「あしらわれている」と感じてしまうと関係がギクシャクしてしまうでしょう。適度に距離があるほうがよい関係を保ちやすいかもしれません。

Relationship Number = 07

Your Relationship Number = 07, Partner's Relationship Number = 04, 22

じっくり考える人【07】とじっくり進める人【04&22】

　感情をあまり表に出さないふたりですが、恋する相手には、優しく甘くなるでしょう。「4 & 22」の人は現実志向で、たまにそこが精神性を重んじるあなたの感性にさわるかもしれません。とはいえ何ごとにも一生懸命な相手を、あなたは温かく見守れるはずです。

Your Relationship Number = 07, Partner's Relationship Number = 05

知的遊戯をする人【07】と体験を求める人【05】

　「5」の人は好奇心が旺盛です。その性質はあなたと同じですが、この組み合わせはハートが親密になりづらい傾向もあります。ふたりともマイペースなのです。お互いの自由を尊重しながら、たまに会って語り合うぐらいのほうが盛り上がるかもしれません。

Your Relationship Number = 07, Partner's Relationship Number = 06

孤独な技術者【07】と和を愛する先生【06】

　あなたは「6」の人の持つ優しさが、とても魅力的に感じられることでしょう。ただし、あなたは自分の世界観を大切にしたい人。「6」の人はふたりで作る未来を考えますから、考え方の違いを理解し合わないと、ストレスがたまるでしょう。

Your Relationship Number = 07, Partner's Relationship Number = 07
求道する同士【07 × 07】
　趣味が同じなら、共に学び合える楽しい組み合わせ。ただし親密になると意見の対立やライバル心も芽生えそうです。かといって距離を作るとその距離が縮まらない恐れもあります。ある程度、お互いが干渉し合うほうが長続きすることでしょう。

Your Relationship Number = 07, Partner's Relationship Number = 08
才能ある知的人【07】と繊細なファイター【08】
　「8」の人は堂々としていて、そのパワーが魅力的に感じられることでしょう。ただし親密になってみると相手にも弱い一面があります。そこをフォローする優しさを発揮するのが大切です。できない場合は、考え方の違いが表面化しやすくなるでしょう。

Your Relationship Number = 07, Partner's Relationship Number = 09
知的に語る人【07】と人道的に語る人【09】
　お互い、高尚なことを考える一面を持ちます。「9」の人は、あなたの趣味や個性を大切にしてくれます。夢と理想を分かち合えば、長い付き合いになることでしょう。ただし精神性に傾きがちなふたりです。現実感覚に欠けてしまうかもしれません。

Relationship Number = 08

エネルギッシュでありながら、シャイなあなた
「———本気で好きな人の前では、かなり純粋よ。」

Your Relationship Number = 08, Partner's Relationship Number = 01
自制心の強い愛情家【08】とストレートな情熱家【01】

ふたりともプロ志向。考え方は合うのに、どこか心が打ち解けづらい組み合わせかもしれません。ささいなシーンで、お互い意地を張りがちになるのです。相手に指図されるとかんに障ることもあるでしょう。尊重し合うことが大切です。

Your Relationship Number = 08, Partner's Relationship Number = 02, 11
ピュアさに憧れる側【08】と美を愛する少女【02&11】

「2&11」の人の優しさは、あなたにとってありがたいものです。また一途な相手に、あなたの胸はときめくことでしょう。ただし「2&11」の人は、親切心が高じると指図が多くなることもあります。適度に聞き流しながら、優しく包み込んであげましょう。

Your Relationship Number = 08, Partner's Relationship Number = 03
恋を楽しみたい人【08】と恋を楽しんでいる人【03】

あなたがリードする立場関係であるなら、ふたりの相性は抜群です。「3」の人は、かゆいところに手の届く相手でしょう。ただしプライベートなシーンでは、相手ののりとあなたのロマンが相容れないこともありそうです。ふたりの違いを理解し合う必要が。

Your Relationship Number = 08, Partner's Relationship Number = 04, 22
突き進む野心家【08】と実利主義者【04&22】
　合理性を求める点ではウマが合うふたり。ですが、近寄ってみればテンポの違いに戸惑うかもしれません。ただし「4&22」の人は四角四面のところがあって、あなたを閉口させることもありそう。そこを見習う気持ちになれれば、ふたりの関係は安定するでしょう。

Your Relationship Number = 08, Partner's Relationship Number = 05
夢を制覇する人【08】と目標が移り変わる人【05】
　スケールの大きなふたりは、夢見る壮大なビジョンを理解し合えることでしょう。ただし、「5」の人はコントロールしづらいタイプです。手を焼いているうちに恋が終わってしまうかもしれません。あれこれ考える前に情熱で押し切りましょう。

Your Relationship Number = 08, Partner's Relationship Number = 06
コントロールしたい人【08】と守りの堅い人【06】
　ふたりとも情に深い面を持ち、フィーリングもピッタリ。なのに、ひとたびボタンを掛け違うとギクシャクしがちです。あなたは、思ったとおりのペースで運ばないと心が乱れてしまいます。そんな時は、冷静さを取り戻して関係を立て直してください。

Relationship Number = 08

Your Relationship Number = 08, Partner's Relationship Number = 07
ロマンティックな戦士【08】と心の貴族【07】
あなたからすると、「7」の人は神秘的な存在。ひとたび恋に落ちたら、一気にのめり込んでしまいそうです。価値観は違うものの、それすらも恋心を刺激するものに。現実的には、意見が対立しがちですが、ロマンを大切にすれば乗り切れるでしょう。

Your Relationship Number = 08, Partner's Relationship Number = 08
筋のとおっているふたり【08 × 08】
「どちらがリードするか」といった不要なところで争わなければ、お互い尊敬しあえる相性でしょう。ふたりに共通の目標があれば、熱く燃え上がれます。ただし目標がない場合は、あっという間に炎が燃え尽きてしまう恐れも。夢を語り合うようにしましょう。

Your Relationship Number = 08, Partner's Relationship Number = 09
ペースを作る側【08】と合わせる側【09】
あなたは、器の大きな「9」の人と一緒にいると、心が開放されることでしょう。なのに、親密になるに従って、相手をコントロールしたくなりがちです。「9」の人は指図をされると頑なになる傾向があります。相手を尊重するよう肝に銘じましょう。

Relationship Number = 09

広く大きく愛するあなた
「——— 一番大切なのは、精神的なつながり。」

Your Relationship Number = 09, Partner's Relationship Number = 01
栄枯盛衰を知る人【09】とひたすら前向きな人【01】

あなたは「1」の人の元気さや単純さを、とても可愛らしく感じることでしょう。ただしあなたが世話を焼き過ぎると、相手は次第にわがままになってしまいます。時には少しほうっておくぐらいのほうが、関係が長続きすることでしょう。

Your Relationship Number = 09, Partner's Relationship Number = 02, 11
人類愛の人【09】とカウンセラー【02&11】

愛と信頼を大切に思うふたりの価値観はピッタリです。なのに、なぜか本音で語り合えない傾向もありそうです。「2&11」の人が強く要求してくると、あなたは頑なになりがちですが、意地を張らずにしっかりと向かい合うようにしましょう。

Your Relationship Number = 09, Partner's Relationship Number = 03
人間を好きな人【09】と社交が好きな人【03】

ふたりは最高の相性です。「3」の人は、あなたのことを心から慕ってくれますから、「自分の理解者だ」と感じられることでしょう。結婚しても楽しい会話の絶えないふたりですが、お互い人気者ですから浮気には注意が必要でしょう。

Relationship Number = 09

Your Relationship Number = 09, Partner's Relationship Number = 04, 22

精神的マスター【09】とリアルな仕事人【04&22】

あなたは精神的なアドバイスができる人。一方「4&22」の人は現実面で強いタイプ。お互いに学ぶところは大きいでしょう。ただし、相手が細かいことを言ってくると、うるさく感じてしまうかもしれません。本来は、自然体で甘え合える相性です。

Your Relationship Number = 09, Partner's Relationship Number = 05

器の広い人【09】と器から飛び出る人【05】

相性はよいのに、関係を深めるにはテンポが合いづらいふたりです。「5」の人は自己判断で動きがちですが、あなたはもっと腹を割って話して欲しいと感じるでしょう。「5」の人と一緒にいるには、相手の自由を尊重する、いっそう大きな器が必要とされます。

Your Relationship Number = 09, Partner's Relationship Number = 06

老子【09】とマザーテレサ【06】

相性は抜群。優しい愛にあふれた組み合わせです。芸術的なセンスも共通していますから、一緒にいると趣味も重なっていくことでしょう。ただし、あなたからすると「6」の人は慎重過ぎるかもしれません。ゆっくりとしたペースを理解してあげましょう。

Your Relationship Number = 09, Partner's Relationship Number = 07
人生を考える人【09】と神秘を探る人【07】
　お互い、精神的な事柄を重んじる側面を持っているため、その部分で気持ちが通じ合う相性。「7」の人は本来とても慎重ですが、あなたのペースには合わせてくれるでしょう。ただし、ふたりが結婚すると現実面がおろそかになるので注意しましょう。

Your Relationship Number = 09, Partner's Relationship Number = 08
迷いやすい人【09】と引っ張っていく人【08】
　「8」の人のパワーは、あなたに輝かしく映ることでしょう。ただし、付き合いが始まると相手の強引さや嫉妬心に、多少息苦しさを感じてしまうかもしれません。とはいえ、あなたがそこに合わせることができれば、長続きするよい組み合わせです。

Your Relationship Number = 09, Partner's Relationship Number = 09
長く連れそった夫婦のようなふたり【09 × 09】
　お互い共感する能力が高く、心遣いも抜群です。この相手と一緒にいると、結婚したいと思うことでしょう。ただし、ふたりとも押しの強いほうではありません。「長過ぎた春」にならないよう、時期が来たら行動に移すようにしましょう。

第二部

Modern Numerology

History

I　ヌメロロジーの歴史

History

　本章では、これまで日本の「数秘術」の本では、ほとんど取り上げられることのなかったヌメロロジーの起源や歴史などについてまとめてみたいと思います。

1　モダン・ヌメロロジーの誕生

■ 20世紀初頭に起こったヌメロロジーの革命

　すでに第1部のⅠ章で述べたように、今日一般的に知られているヌメロロジーの理論が形作られ、一般に普及していったのは、実際のところ20世紀に入ってからのことです。

　後に詳しく述べますが、確かにモダン・ヌメロロジーのもととなる発想自体は、今から2600年ほど前の古代ギリシャにまでさかのぼることができます。しかしながら、それが今日知られる形へと発展する原動力を与えたのは、アメリカのあるひとりの女性の革命的なアイディアだったのです。

　ミセス・L・ダウ・バリエッタ。1847年生まれ。出生地不明。このモダン・ヌメロロジーの創始者の生涯について、残念ながら詳しいことはほとんど分かっていません。しかし彼女が残した数の理論は、その後のヌメロロジーの展開に対して決定的に大きな役割を果たしたことは事実です[1]。

　では、彼女がヌメロロジーの歴史に起こした革命とはなんだったのでしょう。それはそれぞれの数の持つ特性を、ひとりひとりの人間の「性格」や「運命」を表すものとみなした点にあります。すなわち、ちょうど星占いの星座が、人の性格や運命を示すのと同じことを、数を使っておこなったというわけなのです。

ヌメロロジーの歴史

　すでに数を使って人の性格や運命を分析する、というヌメロロジーの方法が確立されている今日からすれば、このバリエッタのアイディアは、なんてことのないことに思えるかもしれません。しかしミセス・バリエッタ以前に、そのような方法で数の原理を応用した人物は、事実存在しません。そういう意味で、ミセス・バリエッタの数の理論は、まさしく「コロンブスの卵」のように、その当時としては非常に画期的なアイディアだったのです[2]。

　ちなみに、バリエッタ以前のヌメロロジーがどのようなものだったか、ということについては後ほど改めて見ていきます。ここではまず、モダン・ヌメロロジーすべてのルーツとなったミセス・バリエッタの数の理論とはどのようなものであったのかを考えてみたいと思います。

■すべてはヴァイブレーションである

　ミセス・バリエッタのヌメロロジーのもっとも基本的な考え方をまとめると、おおよそ次のようなものになります。

　すべては数である。
　そして数はヴァイブレーション（振動）である。
　従って、すべてはヴァイブレーションである。

　ミセス・バリエッタは、このようなアイディアを、もともと古代ギリシャのピュタゴラスの思想に由来するものだと述べています。その中でも特に「天球の音楽」と深いかかわりを持っていると言います（ピュタゴラスの「天球の音楽」についても後ほど説明します）。
　「すべてはヴァイブレーションである」。このことに関してバリエッタは、次のように説明しています。

　　砂粒から人間まですべては、自分自身の比率で振動し、その主音である自分自身の中心を回っている。それぞれのものが自分自身を探求していくにつれて、すべての偉大な自然の合唱、すなわち神々の聖歌隊の中に、その場所を見付ける[3]。

　この文章だけでは、言っている意味が少し理解しづらいかもしれませんが、要するにバリエッタの考えでは、すべてのものはそれぞれ固有のヴァイブレーションを持っているということ。そして各自が自らのヴァイブレーションを知り、それに従っていくに連れてすべてのものはお互いに調和し合い、その結果、まるで全宇宙が美しい音楽のハーモニーを奏でているような状態になると

いうことなのです。
　モダン・ヌメロロジーの始まりに位置するバリエッタのヌメロロジーの背景に、このような詩的で美しい世界観があったということは、心にとめておくべきでしょう。

■魂によるヴァイブレーションの選択

　魂と肉体の区別。これもミセス・バリエッタから始まるモダン・ヌメロロジーを語るうえで欠かすことのできない考え方です。というのも、ミセス・バリエッタのヌメロロジーの理論は、この世に肉体となって誕生する前に、わたしたち人間は、すでに霊的な形で存在していたという世界観を前提にしています。

　ミセス・バリエッタによれば、わたしたちの「最も高次の部分」は、現世に誕生する前に自ら人生の道筋を選択します。なぜなら「人間の魂」は、「自分の必要とする経験がなんであるか」を知っていると同時に、自分の「霊的な成長のために必要とされる経験」へと導く「ヴァイブレーション」を選ぶからです。だから、人生においてわたしたちに与えられる「数」は偶然の賜物ではなく、「わたしたちのもっとも高次の霊的本性によって選択されたもの」であるとバリエッタは述べています[4]。

　このことは、たとえばわたしたちが誕生した時の数（たとえば生年月日や名前の持つ数価）は、偶然に与えられたものではなく、生まれる前の魂が自ら選択したものだということを意味することになります。すなわち両親、あるいは自分以外のだれかが決めたはずの自分に与えられた名前も、実は魂自身が、自らの「霊的な成長のため」に選んだ数だということになります。

　ところで、みなさんの中には気付いた方もいらっしゃるかもしれませんが、このような20世紀初頭に始まったバリエッタのヌメロロジーは、今日、一般にも広まっている「スピリチュアル」と呼ばれるジャンルの本と共通する形而上的世界観を持っています。

　そもそもミセス・バリエッタは、当時「ニューソート（New thought）」と呼ばれたムーヴメントと密接なかかわりを持っていました。ちなみにニューソートというのは、まさしく日本で言う

ところの「精神世界」の源流のひとつとも言うべき思想です[5]。

　ミセス・バリエッタの友人であるジュリア・セトンは「ニューエイジ・ソート教会（The New Age Thought Church）」を設立しています[6]。そしてミセス・バリエッタは、そこでレクチャーをおこなっていました。また、セトン自身も、『あなたのオーラとあなたの主音（Your Aura and Your Keynote）』という著書を出版し、アメリカ、南アフリカ、オーストラリア、ハワイなどあちらこちらで、ヌメロロジーについてのレクチャーをおこなっています。セトンの活動は、ミセス・バリエッタから始まるモダン・ヌメロロジーの思想を、より広く一般にアピールするのに貢献したに違いありません。

　ここまではミセス・バリエッタのヌメロロジーの背景にある思想的な面を見てきましたが、次にそのより具体的な理論面についても見ていくとしましょう。

■モダン・ヌメロロジーの"公理"

　これまで日本で出版された「数秘術」の本を含め、欧米のヌメロロジーの本の多くが「1」から「9」までの一桁の数、そしてそれに「11」と「22」の特別な数を追加した形で、その基本となる数のセットが構成されています。実は、このようなモダン・ヌメロロジーの数のセットも、ミセス・バリエッタから始まったものなのです。ここではバリエッタの数の理論を簡単に見てみます。

　まずミセス・バリエッタは、1から9までの数及び11と22を次のような形に配列します[7]。

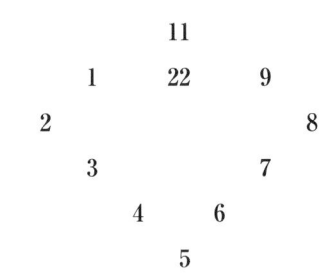

```
                    11
            1    22      9
        2                    8
            3          7
               4    6
                 5
```

　ミセス・バリエッタは、このような数の配列を、ピュタゴラスがおこなっていたと述べています[8]。そして彼女は、最初の3つの数である1、2、3を低次の三つ組み（トリニティ）と呼び、すべての行為の基礎に置かれるものだと述べています[9]。一方で、8、9、11は高次の三つ組み（トリニティ）であり、制限されることのない自由な数。それに対して、その中間にある4、5、6、7の数は、制限づけられた数だとされています[10]。そしてこれらの数に、さらに22という数を追加することで、彼女のヌメロロジーの基本となる数のセットが完成することになるわけです。

　ところで、なぜミセス・バリエッタは、1から9までの一桁の

数だけでなく、さらに 11 と 22 という数をセットに加えたのでしょうか。このことに関して、彼女自身は次のように述べています。

> ピュタゴラスは、神秘的なキャラクターを持った数として 11 と 22 をみなした。というのも、それらの数はヘブライ文字の始まりと終わりを示している。11 はヴァイブレーションのもっとも高次の段階であり、22 は力と自由が付加された 2 という数の特徴を持っている [11]。

このミセス・バリエッタの説明は、残念ながらあまり説得力のあるものではありません。というのも、まずピュタゴラスがすべての基本としてみなした数は、1 から 9 ではなく、そもそも 1 から 10 までです（また、11 と 22 も含まれていません）。さらに、ピュタゴラスが使用していたのは、ギリシャ文字でありヘブライ文字ではありません（ピュタゴラスの思想については後ほど改めて説明します）。

さらに言えば、そもそもミセス・バリエッタのヌメロロジーは、ヘブライ文字とはなんの関係も持っていません。にもかかわらず、その理論を説明するために、ここの部分にだけ突然ヘブライ文字うんぬんという説明が出てくるのは、どうしても理解に苦しむところです。

とはいえ、このミセス・バリエッタの始めた 1 から 9 までの一桁の数に 11 と 22 を付け加えてでき上がった数のセットは、後の多くのヌメロロジストが引き写していったことで、現在ではモダン・ヌメロロジーの"公理"としての地位を確立し、今日でも広く知られるものとなっています。

数のセットと並ぶ、ミセス・バリエッタの残した大きな遺産は、次のようなラテン文字のアルファベットと数の対応のシステムです [12]。

1	2	3	4	5	6	7	8	9
A	B	C	D	E	F	G	H	I
J	K	L	M	N	O	P	Q	R
S	T	U	V	W	X	Y	Z	

　これは本書でもすでに紹介したシステムです。ちなみに、今日のモダン・ヌメロロジーの本の多くでは、「ピュタゴリアン・システム」と呼ばれています。しかしながら実際のところ、このシステムもピュタゴラスとはまったく関係ありません。というのも、ピュタゴラスは、そもそもラテン文字を使用してはいません（このシステムについては、その起源を含めて「3 ゲマトリア」のところで詳しく説明します）。

　いずれにせよ、こういったバリエッタによるヌメロロジーの理論は、彼女自身の信念である「数として表現される自らのヴァイブレーション」を知るための必要不可欠な知識として考え出されたものです。そして彼女の思想に共感し、その理論の実用的な価値を 25 年間にわたる研究によって確信した、あるヌメロロジストの手によって、20 世紀後半に多くの支持者を獲得することになる新たなヌメロロジーの伝統が生み出されていくことになったのです。

■モダン・ヌメロロジーの「第二の母」

　創始者ミセス・バリエッタ以後、モダン・ヌメロロジーの発展にもっとも大きな貢献を残した人物として知られているのがジュノー・ジョーダン（本名ジュノー・ベレ・カップ）です。現代のアメリカのヌメロロジスト、ルース・ドレイヤーは、ミセス・バリエッタをモダン・ヌメロロジーの「第一の母」、そしてジュノー・ジョーダンを「第二の母」とも呼んでいます[13]。

　1884年6月8日生まれ。14歳の頃から、ミセス・バリエッタ本人からヌメロロジーの指導を受けたというジョーダンは、文字どおり創始者直系の弟子にあたります。また、先ほど少しふれた、ミセス・バリエッタの友人であり、ニューエイジ・ソート教会の設立者であるジュリア・セトンは、実はジョーダンの母にあたります。

　またジョーダンは、ミセス・バリエッタとともに数を研究するための機関「カリフォルニア・ヌーメリカル・リサーチ協会（California Institute of Numerical Research）」を設立しています。そして1957年、73歳の時、協会の研究成果をもとに、彼女は最初の本『あなたの数と宿命（Your Number and Destiny）』を、さらに1965年には、今日でもなおモダン・ヌメロロジーのベスト・リソースの1冊として知られている『ヌメロロジー　あなたの名前の中のロマンス（Numerology : The Romance in Your Name）』を出版します。

　ジョーダンは、ミセス・バリエッタの基本的な理論を引き継ぐとともに、さらにそれをより日常の具体的な事柄を分析するためのメソッドへと発展させていきました。また、今日のモダン・ヌメロロジーで一般的になっている基本用語の多くが、彼女の著作の中で使用されたものに由来しているということも特筆すべき点

でしょう。

　ところで、これまで日本で出版されている「数秘術」の本を何冊か読んだことのある人は、それらの本の中で使われている用語に違いがあるため、混乱してしまったという経験をお持ちの方もいるかもしれません。その点を整理するために、以下に本書で使用した用語と英語圏での用語、そしてこれまで日本で出版された主な「数秘術」の本において使われている用語のヴァリエーションを、ここで対照表として載せておきます。なお、翻訳本に関しては、原語と和訳名の両方を併記しました。

本書で使用している用語 [14]

A ジュノー・ジョーダン [15]

本書で使用している用語	ジュノー・ジョーダン
ライフ・パス・ナンバー	The Birth Force
ディスティニー・ナンバー	The Destiny Number
ソウル・ナンバー	The Heart's Desire
パーソナリティー・ナンバー	Your Personality
パーソナル・イヤー・ナンバー	Personal Year Number
パーソナル・マンス・ナンバー	Personal Months
パーソナル・デイ・ナンバー	Personal Days

B キャロル・アドリエンヌ [16]　　C ダン・ミルマン [17]

B キャロル・アドリエンヌ	C ダン・ミルマン
Birthpath（誕生数）	Birth Numbers（誕生数）
Destiny（運命数）	———
Heart's Desire（ハート数）	———
Personality（人格数）	———
Personal Year（個人年）	———
Personal Month（個人月）	———
Personal Day（個人日）	———

D 斉藤啓一 [18]　　E やましたやすこ [19]　　F 松田和也 [20]

D 斉藤啓一	E やましたやすこ	F 松田和也
カバラ誕生数	誕生数	誕生数
カバラ姓名数	表現数	姓名数
———	ハート数	母音数
———	ペルソナ数	子音数
カバラ年霊数	パーソナル・イヤー	———
———	———	———
カバラ日霊数	———	———

Modern Numerology

1929年、ミセス・バリエッタは82歳で亡くなりました。一方、ジュノー・ジョーダンは、1984年、彼女の100歳の誕生日の2ヶ月前に亡くなりました。

　今から百年ほど前、「バリエッタ・システム・オブ・ナンバー・ヴァイブレーション（The Balliett System Of Number Vibration）」と呼ばれたミセス・バリエッタの理論は、ジュノー・ジョーダン、及びカリフォルニア・ヌーメリカル・リサーチ協会から、さらに続く20世紀末から今に至る数多くのヌメロロジストたちの間へと、ひとつの伝統として継承され続けています。もちろん本書の中で紹介したヌメロロジーのメソッドも、そうした流れを引き継ぐものであることは言うまでもありません。

　さて、ここまでで、モダン・ヌメロロジーがいかにして誕生し、今ある形へと発展していったのかという流れについては、ご理解いただけたことと思います。この辺りで節を改め、モダン・ヌメロロジーが誕生するための母胎となったアイディアを、バリエッタ以前へとさかのぼってみたいと思います。

1：ミセス・L・ダウ・バリエッタについては、Underwood Dudley, Numerology or, What Pythagoras Wrought, The Mathematical Association of America, 1997, pp. 169-184, 及びRuth A. Drayer, Numerology : The Power in Numbers, （Square One Publishers）, 2003, pp. 10-11.

　また、彼女の代表的な著作としては、1905年出版の『いかにヴァイブレーションの力を通じて成功を成し遂げるか（How to attain Success Through the Strength of Vibration）』を始め、『数の哲学　それらの音程と色（Philosophy of Numbers, Their Tone and Colors）』（1908）、『数のヴァイブレーションによる英知の時代（The Day of Wisdom According to Number Vibration）』（1917）などがあります。

2：このことについて詳しくは、Underwood Dudley, ibid., p. 169.

3：Mrs. L. Dow Balliett, How to Attain Success Through the Strength of Vibration, Sun Books, 1983 , p 9, Original edn., 1905.

4：Mrs. L. Dow Balliett, ibid., p. 11.

5：現代のアメリカの占いのひとつの背景として、ニューソート的な思想の影響が見られます。ニューソートと占いのかかわりについては、拙著、『タロット大全　歴史から図像まで』、紀伊国屋書店、2005年、345-349頁を参照ください。

6：ジュリアン・セトンについては、Ruth A. Drayer, ibid., p. 11.

7：Mrs. L. Dow Balliett, ibid., p. 11.

8：ただしピュタゴラスが、実際にこのようなアイディアを持っていたということを示す記録は存在しません。
9：Mrs. L. Dow Balliett, The Day of Wisdom According to Number Vibration, Kessinger Publishing, p. 17, Original edn., 1917.
10：Mrs. L. Dow Balliett, Philosophy of Numbers : Their Tone and Colors, Kessinger Publishing, pp. 20-21.
11：Mrs. L. Dow Balliett, ibid., p. 21.
12：Mrs. L. Dow Balliett, ibid., p. 13.

　ただし、このラテン文字のアルファベットと数の対応のシステム自体は、ミセス・バリエッタが考案したものではないようです。デヴィッド・アレン・ハルスは、17世紀頃に軍事上の暗号として、この対応のシステムが使われていたと述べています。David Allen Hulse, The Western Mysteries : An Encyclopedic Guide to the Sacred Languages & Magical Systems of the World : The Key of It All, Book2, Llewellyn Publications, 2004, p. 465.

　とはいえ、今日のヌメロロジーにおいて、このシステムをメジャーにする役割は、やはりミセス・バリエッタの著書によるところが非常に大きいことは間違いありません。

13：Ruth A. Drayer, ibid., pp. 10-11.
14：本書での用語は、基本的にKay Lagerquist, Ph.D. and Lisa Lenard, The Complete Idiot's Guide to Numerology, Alpha, 2004をもとにしています。
15：Juno Jordan, Numerology : The Romance in Your Name, Devorss Publications, 1988, Original edn., 1965.
16：キャロル・アドリエンヌ（斉藤昌子訳）『数秘術マスター・キット　あなたの魂に刻まれた情報を読み解く』（ナチュラルスピリット、2005年）。原書、Carol Adrienne, The Numerology Kit, A Plume Book, 1988.
17：ダン・ミルマン（東川恭子訳）『[魂の目的]　ソウルナビゲーション　あなたは何をするために生まれてきたのか――』（徳間書店、2001年）。原書、Dan Millman, The Life You Were Born to Live : A Guide to Finding Your Life Purpose, HJ Kramer, 1993.
18：斉藤啓一『秘法カバラ数秘術―古代ユダヤの秘占・運命解読法』（学習研究社、1987年）
19：やましたやすこ『数秘術―数のパワーが運命を変える！』（説話社、2001年）
20：松田和也『新・数秘術入門　人生を磨く「数占い」』（柏書房、2005年）

2　ヌメロロジーのルーツとしてのピュタゴラス主義

■アリスモロジー

　前に述べたように、モダン・ヌメロロジーの第一の母ミセス・バリエッタは、自らのヌメロロジーの理論のよりどころとして、ピュタゴラスの名を何度も登場させています。

　今日ピュタゴラスの思想や教義として伝えられているものと、現代のヌメロロジストたちがおこなっている実際のメソッドという点から見ると、どうしても埋めることのできない隔たりがある一方で、確かにその核となる発想自体には、共通点が見られることも事実です。従って、ここではピュタゴラスを始祖として発展した数の形而上学が、いったいどのようなものであったか、そしてそれがミセス・バリエッタ以降のモダン・ヌメロロジーとどのようなかかわりを持っているのか、そういった点を見ていきたいと思います。

　なお本書では、ミセス・バリエッタ以前と以後を区別する意味で、さしあたってピュタゴラスから始まる伝統的な数の形而上学を指すのに、ヌメロロジーという語は用いず、「アリスモロジー（arithmology）」という語を使うことにします。

　ちなみに、このアリスモロジーという語は、そもそもギリシャ語の arithmologia（arithmos［数］＋ logia［学、あるいは論］）に由来しますが、数の形而上学を表すための語としては、今日一般的になっているヌメロロジーという語よりも、古くから使われていたことで知られています。特に、16世紀から17世紀頃の文献において、数の形而上学、あるいはその応用としての占い的な実践を指すのに、ラテン語の arithmologia、あるいは arithmantia（英語では arithmancy）と呼ぶのが一般的でした[21]。それに対して、

ヌメロロジーという語は、その時代にはまだ登場していません。

では、「ヌメロロジー」という語は、いつ頃から使用されるようになったのでしょう。実際のところ、正確にいつ頃から「ヌメロロジー」という言葉が使われるようになったのかは定かではありません。ただし少なくとも言えるのは、ヌメロロジーという語が一般的に広まったのは、20世紀に入ってからのことであると見て間違いないでしょう[22]。

たとえば、数の秘教的な意味を説明した19世紀末を代表するイギリスのオカルティストであるウィリアム・ウィン・ウェストコットの1890年の著書、『数のオカルト的な力 (The Occult Powers of Numbers)』を見ても、いまだヌメロロジーという語は使われていません[23]。

ヌメロロジーという語が使用されている初期の例としては、1914年にわずか500部で出版されたクリフォード・W・チェズリーの『ヌメロロジー　その人生における実践的応用 (Numerology : Its Practical Application to Life)』と題された本があります[24]。ちなみにこの本は、完全にミセス・バリエッタの「ナンバー・ヴァイブレーション」の影響の下に書かれたものです。

また、ミセス・バリエッタの数の理論とは異なるものの、チェズリーのものよりもわずかに早いものとしては、セファリアルの『数のカバラ (The Kabala of Numbers)』(出版年不明) の中でも、ヌメロロジーという語が使用されていることが確認できます[25]。

さて、前置きめいた話が長くなってしまいましたが、先ほども述べたように、以後本書では、バリエッタ以前の数の形而上学については、ヌメロロジーという語を用いず、アリスモロジーという語を使うことで区別することにします。

では、いよいよモダン・ヌメロロジーのルーツとしてのピュタゴラスから始まるアリスモロジーの伝統を見ていくとしましょう。

■ピュタゴラスについて

　ピュタゴラス。もしかすると多くの人はその名前を、「三平方の定理」の発見といった数学的な業績と結び付けて記憶していらっしゃるのではないでしょうか。

　しかしながら、近年のピュタゴラス研究において、こういった一般的にピュタゴラスに帰することができると信じられている数学的知識は、実のところ彼の発見ではなかったという意見が提出されています。そればかりか、数学者としてピュタゴラスをみなすことに対してすら、否定的な見解を投げかける研究者もいるほどです[26]。

　実際のところ、今日伝えられているピュタゴラスの人物像は、彼を崇拝する人たちによって語り継がれてきた逸話をもとに、彼の死後400年ほど経た後の紀元前1世紀頃のローマで神話化され、でき上がっていった姿のようです。

　「伝説」として語り継がれる聖人化されたイメージを除くと、ピュタゴラスについて分かっている確かなことは、非常にわずかなことしかありません。

　エーゲ海のサモス島で紀元前6世紀中頃出生。およそ40歳の頃、イタリアのクロトンへ移住し、宗教的かつ政治的な結社を作り、弟子たちに口頭で自らの教義を伝授。やがて、結社への入門を断られたキュモンという人物が中心となり、クロトンで激しい反ピュタゴラス運動が起こります。その際にピュタゴラスは、メタポンティオンに亡命し、そこで生涯を終えます。

　ところで特筆すべきなのは、ピュタゴラス自身、1冊も著書を残していないということです。従って今日、「ピュタゴラスの思想」として信じられているものは、後代の人々によって書かれたものをとおして間接的に知られているものでしかありません。そ

のため、ピュタゴラスの思想を論じる時に、どこまでがピュタゴラス自身の思想で、どこからが後のピュタゴラス派の人々によって付け加えられたものなのか、という点が研究者の間でしばしば問題とされてきました。

実は、この後お話しするモダン・ヌメロロジーのルーツとしてのピュタゴラスによるアリスモロジーも、どこまでがピュタゴラス本人によるもので、どこからが後世の信奉者が付け加えたものなのか、はっきりさせることは非常に困難です。従って本書では、「ピュタゴラスのアリスモロジー」ではなく、それらをひとまとめにする意味で「ピュタゴラス主義のアリスモロジー」と呼ぶことにします。

では、ピュタゴラス主義のアリスモロジーとはどのようなものであったのか。次に、それを解説していきたいと思います（ただし、念のために断っておきますが、ここではピュタゴラス主義の思想全般ではなく、モダン・ヌメロロジーの理論と多少なりとも関連していると思われる範囲のみの解説とします）[27]。

■ピュタゴラス主義のアリスモロジー

①テトラクテュス

　ピュタゴラス主義者は、10を完全な数であるとみなしました。彼らによると、10は4という数から作られます（1＋2＋3＋4＝10）。そしてこのことを、次のように点から構成される「テトラクテュス」と呼ばれる図として表現しました。

```
      ・
     ・ ・
    ・ ・ ・
   ・ ・ ・ ・
```

　このテトラクテュスは、ピュタゴラス主義の思想を凝縮した象徴として、大いに敬意を払われるものでした。
　また、ピュタゴラス主義は、10という数を完全なる数として重視するあまりに、実際には目に見えない「アンティクトン（対地星）」という地球の対立物としての天体を仮想することで、天体の総計も10個であると考えました[28]。すなわち、ピュタゴラス主義者は、この宇宙すべてが、10という数の原理によって秩序付けられているはずだと考えたのです。
　このような宇宙の秩序＝数の原理という発想は、モダン・ヌメロロジーでも共通の基本となる考え方です。ただし、すでに見たように一般的なモダン・ヌメロロジーにおいて、10という数は用いられません。1から9がルート・ナンバーとされ、そして11と22を加えたものが、基本の数のセットとされています。

②**奇数と偶数**

　モダン・ヌメロロジーでは、1から9までの数にそれぞれ固有の意味が割り当てられています。では、ピュタゴラス主義において、数の意味はどのようになっていたのでしょうか。

　まず、ピュタゴラス主義では、数を「奇数」と「偶数」に分けるという考え方があります。そして、前者を「限られたもの」、後者を「無限なもの」であると定義しています[29]。

　また、自然には10の原理があるとし、それを次のような双欄表として列挙しました[30]。

限られたもの	無限なもの
奇数	偶数
一	多
右	左
男	女
静	動
直	曲
明	暗
善	悪
正方形	長方形

　ところで面白いことに、ミセス・バリエッタの著書の中でも、ピュタゴラスに由来する対立物の10の基礎となるルールを、注意深く研究すべきものとして列挙しています[31]。ただし、バリエッタの表では、1番下の項目である「正方形」、「長方形」のところが、「限られたもの」、「無限なもの」と変えられています。

　また、「奇数」と「偶数」という分類は、時折モダン・ヌメロロジーの数の意味を示す基本原理として応用されている場合があります。

たとえば、デヴィッド・アレン・ハルスの『ヌメロロジーの真相（The Truth About Numerology）』（1993）では、奇数と偶数を対立の原理とみなし、1から8までの数をそれぞれ次のような意味を持つペアとして定義しています[32]。さらに、ご覧のように最後の9は、それらの対立のバランスと統合を示す数となっています。

奇数	偶数
1 能動的	2 受動的
3 霊的（スピリチュアル）	4 地的
5 想像的	6 実践的
7 霊的なことにおける成功	8 物質的な努力における成功

9 霊性と物質性の間の調和

③数の持つ属性

ピュタゴラス主義者たちは、1から10までの数がそれぞれさまざまな属性を持つとし、神々を含めたこの世界のあらゆるものを、それぞれの数に関連させて考えました。ちなみに、下の表の数字の前のカタカナは、それぞれの数のギリシャ語の読みを表記したものです。

モナド（1）―――ゼウス　プロメテウス　カオス　知性
　　　　　　　　存在　原因　秩序　数学
ダイアド（2）――エラート　イシス　自然　レア　月　音楽

トライアド（3）──賢明　英知　友情　平和　調和　一致
　　　　　　　　　結婚　ヘカテ　幾何学
テトラド（4）──知識　ヘラクレス　4元素　4つの季節
　　　　　　　　4つの感覚　天文学
ペンタド（5）──ネメシス　摂理　アフロディーテ　正義
　　　　　　　　パラス　第5元素　5つの天体
ヘキサド（6）──調和　コスモス　テレイア　完全数
ヘプタド（7）──アテナ　機会　処女　孤独
　　　　　　　　批判的な時期
オクタド（8）──エウテルペ　調和　愛　友情　英知
　　　　　　　　創造的思考
エネアド（9）──限界　太陽　同化　争いの欠如
　　　　　　　　オシアヌス　プロメテウス　ヘラ
　　　　　　　　ヘファエストゥス　ハイペリオン
デカド（10）──世界　天　全　宿命　永遠　力　真実
　　　　　　　　必然　アトラス　神　ファネス　太陽

※数の属性としてあげられているカタカナのところは、いずれも古代の神々の名前です。

　ここでの数の属性は、新プラトン主義の哲学者として知られるイアンブリコス（240年頃）の『算術の神学』から、主だったものを抜粋したものです[33]。ちなみに『算術の神学』は、ピュタゴラス主義のアリスモロジーを今日に伝えるものとして、非常に重要な文献とされているものです[34]。

　ところで、どうしてそれぞれの数に、このような属性が割り当てられているのでしょう。その理由については、『算術の神学』の中でひととおりの解説がおこなわれているものの、その説明のすべてが、必ずしも容易に納得できるものではありません。ここ

では、比較的分かりやすいものをいくつか選んで例としてあげてみます。

ダイアド（2）―「月」
　　　　　月は満ち欠けによって半分になるから[35]。

ペンタド（5）―「正義」
　　　　　1から9までの数列の中でちょうど真ん中を占めているからである。
　　　　　（1　2　3　4　5　6　7　8　9）
　　　　　それゆえ、数列の中で「安らぎのための場所」を与え、同時に両方の間のバランスを取る[36]。

ヘキサド（6）―「完全数」
　　　　　数列を3つに分け、それぞれを足し合わせた結果、すべて6が導き出されるためである[37]。
　　　　　$1 + 2 + 3 = 6$
　　　　　$4 + 5 + 6 = 15 \longrightarrow 1 + 5 = 6$
　　　　　$7 + 8 + 9 = 24 \longrightarrow 2 + 4 = 6$
　　　　　$10 + 11 + 12 = 33 \longrightarrow 3 + 3 = 6$
　　　　　以下続く

　以上の例を見ても分かるように、ここでの数の属性は、それぞれの数自体が持つ「特質」に説明を加え、導き出されていることが分かります。とはいえ、すべてがこのような比較的分かりやすい説明ではありません。ほかには「アイソプセフィー」と呼ばれる考え方に基づくもの（アイソプセフィーについては、後ほど235頁で説明します）、また一方では、どういう根拠に基づくのか意味不明なものなども多々あります。

数ひとつひとつが、それぞれ特別な属性を持っているという発想自体は、もちろんモダン・ヌメロロジーにも引き継がれています。ただし、かつてのピュタゴラス主義のアリスモロジーとモダン・ヌメロロジーでは、ふたつを見比べてみると、それぞれの数の具体的な属性や意味自体の共通点はごくわずかで、実際にはそのほとんどが異なっています。従って、今日のヌメロロジストの多くが述べている「ヌメロロジーにおける数の哲学は古代ピュタゴラスからの伝統である」といったような主張については、残念ながらこの点においても、大きな疑問を持たずにはいられません。

④調和の原理

　しばしばピュタゴラス主義の思想の中で最も重要なものとして語られるのは、「調和の原理」として知られているものです。中でも音楽における調和は、前にミセス・バリエッタのヌメロロジーの説明のところでふれた「天球の音楽」というコンセプトを生み出すもとになりました。

　ピュタゴラス主義では、音が美しく響き合う音程の関係を数学的に表現しました。その際に、1から4までの数の関係をもとに2：1、3：1、4：1、3：2、4：3の比率によって可能になる音程の関係が取り上げられました。ここで言っていることは、一定の比率に基づき、指で弦の押さえる場所を変えると、それに応じて正確に音程が変化していくギターなどの弦楽器をイメージすれば、理解できることと思います。ちなみに、ここで1から4までの数のみを使用したというのは、先ほど述べたように10という完全数を構成する数だからです。

　このような音程の関係を数で表すことができるということから、さらにピュタゴラス主義者たちは、同様の原理を宇宙のあらゆるものへと適用できると考えました。そこから導き出されたのが、天球の音楽と呼ばれる独特の宇宙観です。

ピュタゴラスが活躍したおよそ300年後の古代ギリシャの哲学者アリストテレス（紀元前384–322）は、ピュタゴラス主義における天球の音楽を次のようなものだったと解説しています。

**　大きさの面でも、動く速さに関しても、天体よりはるかに劣った地上の物体が動いても物音がするのだから、天体などという規模の大きな物体が動けば、必ず音がするはずだ。しかも、太陽とか月といったあらゆる星、数のうえでもスケールの点でも桁違いな物が凄い速さで動いているのである。とてつもない大音響がしないわけがない、こう考えたのである。そして、こうした論拠と、星と星との距離から割り出した様々な星の速度が音楽上の協和音程と同じ比率になっているという観察結果をもとに、様々な星の周期運動から生まれる音は調和がとれていると、ピュタゴラス派の人々は主張した**[38]。

　すなわち、ある一定の数の比率で運動している諸天体は、音楽的ハーモニーを生み出している。また、諸天体の奏でる音楽は、普通のわたしたちの肉体としての耳には、直接聞こえてこないけれども、数を理解することのできる理性、あるいは精神は、それを聴くことができる。それが天球の音楽と呼ばれるものなのです。
　ここで図1を見てください。これは紀元1世紀終わりにピュタゴラス主義に関する著作を残したゲラサ出身のニコマコス（60–120）による天体と音程の関係を示したものです[39]。

さらに図2を見てください。この図版は、古代のピュタゴラス主義者のものではなく、17世紀のイギリスの神秘思想家ロバート・フラッド（1574–1637）によるものですが、天球の音楽という宇宙観を見事に視覚的に表現したものです。ご覧のとおり、一弦琴上に配置された諸天体が、一定の数の比率に基づく音程と関係していることが示されています[40]。

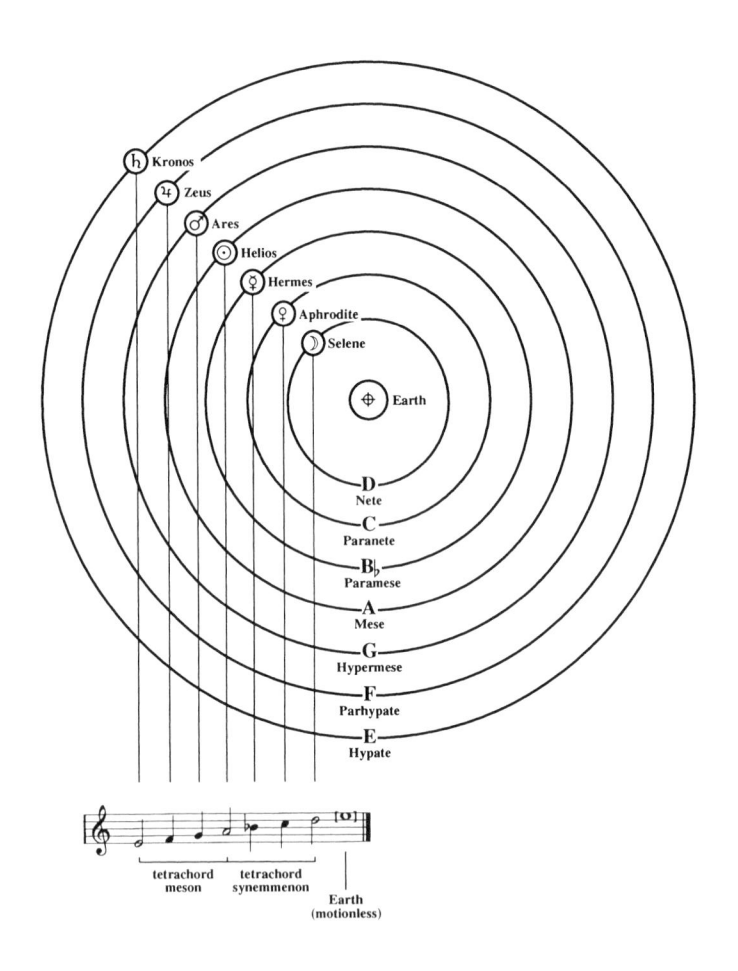

図 1
(出典：Flora R. Levin, The Manual of Harmonics, Phanes Press, 1994, p. 50)

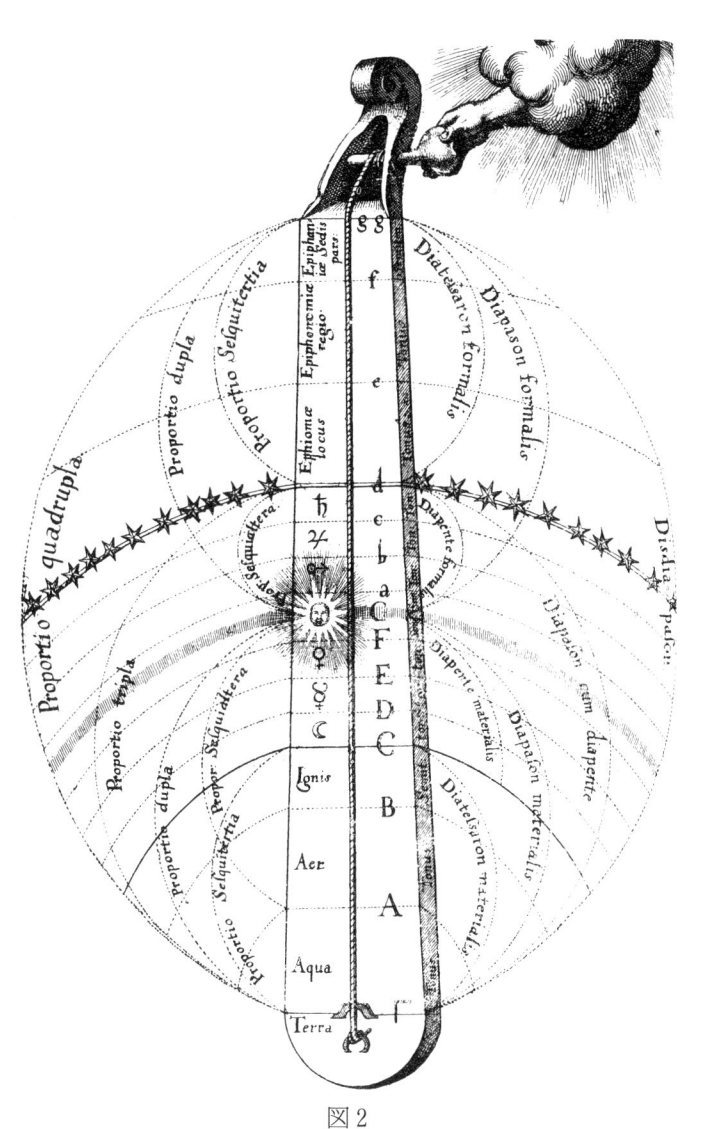

図2
（出典：ジョスリン・ゴドウィン（吉村正和訳）
『交響するイコン』（平凡社、1987年）、45頁）

残念ながら、今日のモダン・ヌメロロジーでは、数と音程の関係というテーマが、一般的にほとんど語られることはなくなってしまっています。ただし、創始者ミセス・バリエッタの本では、数と音程の関係について述べている箇所があります。その対応は次のようになっています[41]。

```
C D E F G A B
1 2 3 4 5 6 7
8 9
```

　また、ジュノー・ジョーダンの本では、その人の名前から生み出される音楽を、「ライフ・ソング」と呼び、「ジョン」と「デヴィッド」というふたつの名前を例にして、次のような楽譜として表現しています（図3）[42]。

```
1—2—3—4—5—6—7—8—9
C  D  E  F  G  A  B  C  D
```

数と名前のアルファベットの対応	音程
1 — A — J — S	C
2 — B — K — T	D
3 — C — L — U	E
4 — D — M — V	F
5 — E — N — W	G
6 — F — O — X	A
7 — G — P — Y	B
8 — H — Q — Z	C
9 — I — R	D

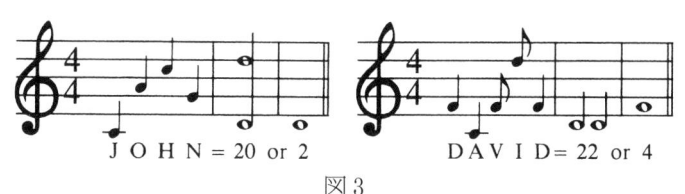

JOHN = 20 or 2　　　　DAVID = 22 or 4

図3
(出典：Juno Jordan, Numerology：The Romance in Your Name, Devorss Publications, 1988, p. 328)

　このようなミセス・バリエッタ、及びジュノー・ジョーダンによる数と音の対応は、ピュタゴラス主義者の考えた比率に基づく音程とはまったく関係なく、単にドレミファソラシの順に数を当てはめていっただけのものです。
　しかしながら、前に述べたように、「すべてのものはヴァイブレーションである」というミセス・バリエッタのヌメロロジーでは、音という要素は本質的に欠くことのできないものだったのでしょう。
　また、今日のヌメロロジーでは、天体と数の対応という観点も、ほとんど失われてしまっています。けれども、たとえばモダン・ヌメロロジー初期の時代である1931年に出版され、いまだに非常に影響力のあるフローレンス・キャンベルの著書『数によるあなたの一生』を見ると、数と天体の対応が次のように示されています[43]。

太陽	1
月	2
金星	3
土星	4
火星	5
木星	6
水星	7
太陽	8
海王星	11
天王星	22

　これもまた、古代のピュタゴラス主義における天体と音程の理論とはまったく関係がありません。

　ところで、ここで注目すべきなのは、「冥王星」だけが含まれていない点です。ちなみに、冥王星が発見されたのは1930年。キャンベルの著書が発表される前年のこと。もしかすると本を書いていた時点では、冥王星の発見のニュースが、キャンベルの耳に届いていなかったということなのでしょうか。

　それともうひとつ。よく見ると9という数がここには含まれていません。なぜ9という数をリストから外したのかについて、キャンベルからはなんの説明もなされていません。いずれにしても、冥王星を含めない以上、モダン・ヌメロロジーの数のセットからひとつの数を除外しない限り、天体との数は一致しないということです。

　また、前述のキャンベルの本では、音に対して色、さらに数に対してさまざまな鉱石が割り当てられています。これも最近のヌメロロジーでは、ほとんど顧みられなくなってしまっているものです[44]。それぞれの対応を以下に列挙しておきます。

C	赤
C♯	赤―オレンジ
D	オレンジ
D♯	オレンジ―イエロー
E	イエロー
F	イエロー―グリーン
F♯	グリーン
G	グリーン―ブルー
G♯	ブルー

※ふたつの色をハイフンで結んでいるところは、ふたつの間の中間色を意味します

1	ルビー
2	ムーンストーン
3	トパーズ
4	エメラルド
5	ターコイズ
6	パールもしくはサファイア
7	アメジストもしくはアクアマリン
8	ダイヤモンド
9	オパール
11	プラチナ
22	サンゴもしくはレッド・ゴールド

　さて、これまでのことから、ピュタゴラス主義のアリスモロジーが、モダン・ヌメロロジーへとそのまま引き継がれたわけではないということが明らかになったと思います。その間には、す

でに述べたように、20世紀初頭におけるミセス・バリエッタの考案したシステムに大きな革命があったのです。

ところでみなさんの中には、これまで見てきたピュタゴラス主義とは別に、「ユダヤ教神秘主義のカバラがヌメロロジーのルーツである」という説明を本で読んだことがある方もいらっしゃるかもしれません。

カバラとモダン・ヌメロロジー。このふたつの間には、いったいどのような関係があるのでしょうか。次に、このことについて改めてじっくりと見ていきたいと思います。

21：ちなみに、arithmanteiaは、ギリシャ語のarithmos［数］＋manteia［占い］という意味です。アリスモロジー、及びアリスマンシーという語について詳しくは、Divination Glossary, "http://dewarlorx.com/divination#A"
　現代のオカルティストによる用語の区別の例としては、数を使用した占いの実践のことを、ヌメロロジー、あるいはアリスマンシーと呼び、一方でそれらと区別する形でアリスモロジーという語を、数に対してのオカルト的な原理の応用であるとの見方があります。このことについて詳しくは、John Michael Greer, The New Encyclopedia of the Occult, Llewellyn Publications, 2004, pp. 33–34.

22：ただし、アメリカのカバラ魔術の研究家であるデヴィッド・アレン・ハルスは、「ヌメロロジー」という語が使用されるようになったのは、19世紀に入ってからオカルティズムの文献に登場するようになってからだと述べています（David Allen Hulse, The Truth About Numerology, Llwellyn Publications, 1993, pp.1–2）。とはいえハルスは、具体的にヌメロロジーという語が、19世紀のどの文献で使われているかを指示していません。リサーチ不足のせいなのかもしれませんが、わたし自身は、いまだ19世紀の文献の中で、ヌメロロジーという語が使用されている例を実際に確認できていません。

23：W. Wynn Westcott, The Occult Power of Numbers, A Newcastle Book, 1984, Original edn., 1890. ちなみにウェストコットは、19世紀末のロンドンの魔術結社、黄金の夜明け団の中心人物です。また余談になりますが、黄金の夜明け団では、20世紀の英米のタロット理論のもとが作られました。詳しくは、拙著、『タロット大全』、（紀伊国屋書店、2005年）、253–289頁を参照ください。

24：Cliifford W. Cheasley, Numerology : Its Practical Application to Life, Kessinger Publisihng, no data, Original edn., 1914.

25：Sephalial, Kabala of Numbers : A Handbook of Interpretation, Kessinger Publications, n. d. この本の正式な出版年は不明ですが、第2巻の序文の日付が、1913年となっているので、それ以前であることは間違いありません。

26：以下に述べるピュタゴラスについての解説は、B・チェントローネ（斉藤憲訳）『ピュタゴラス派　その生と哲学』（岩波書店、2001年）、及びCharles H. Kahn, Pythagoras and The Pythagoreans : Brief History, Hackett Publishing

Company, inc., 2001. 及び Christoph Riedweg, Pythagoras : His Life, Teaching, and Influence, Translated by Steven Rendall, Cornell University Press, 2005, Original edn., 2002 を参照しました。

27：なお、以下のピュタゴラス主義の思想の要約については、Vincent Foster Hopper, Medieval Number Smbolism : Its Sources, Meaning, and Influence on Thought and Expression, Dover Publications, Inc., 2000, pp. 33-49, Original edn., 1938 を参照しました。

28：アリストテレス（出隆訳）『形而上学（上）』（岩波文庫、2005 年）、401 頁。また、10 の天体ついての詳しい解説は、S・K・ヘニンガー・Jr.（山田耕士、吉村正和、正岡和恵、西垣学訳）『クリテリオン叢書 天球の音楽』（平凡社）132 頁。

29：「奇数」と「偶数」についてのピュタゴラス主義の考えは、アリストテレス著、前掲書、41-42 頁。

30：この表の 9 番目を見るとはっきり分かるように、奇数には肯定的な意味、偶数には否定的な意味が割り当てられています。ちなみに、その理由については、アメリカの思想史家 S・K・ヘニンガー・Jr が次のように解説しています。

　「奇数は割り切れない。奇数を二等分しようとすると、中間に整数の 1 が残る。奇数は、割り切れない以上、完全であって有限であり、有機的組織体となる可能性を持ち、秩序をもたらすことを示唆する。他方、偶数は相等しいふたつの部分に割り切ることができるが、このように容易に分類することは、完全ではなく分割傾向の強いものと解されている。偶数は、除法により容易にさらに延長するため、物質的で無限定だと考えられる。その存在するところに不和と無秩序を引き起こすという。そのため、奇数は完全や神性と連想され、男性の力を持つのに対し、偶数は不完全と物質性を示し、女性である」（S・K・ヘニンガー・Jr. 著、前掲書、102 頁）。

31：Mrs. L. Dow Balliett, How to Attain Success Through the Strength of Vibration, Sun Books, 1983, p. 12. Original edn, 1905.

32：David Allen Hulse, ibid., pp. 11-12.

33：Iamblichus, The Theology of Arithmetic, translated by Robin Waterfield, Phanes Press, 1988.

34：なお、細かい話になりますが、このイアンブリコスの『算術の神学』の内容は、その大部分をイアンブリコスの師であるアナトリウスの『デカドについて』、及びニコマコスの『算術入門』に負っているようです。また、『算術の神学』の英訳者、ロビン・ウォーターフィールドによれば、そのほかの部分もイアンブリコス自身によって書かれたというよりも、彼の講義を筆記したものでないかと言われています（Iamblichus, ibid., p. 23）。

35：Iamblichus, ibid., p. 47.
36：Iamblichus, ibid., p. 70.
37：Iamblichus, ibid., p. 76.
38：アリストテレス（池田康男訳）『天について 西洋古典叢書』（京都大学学術出版会、1997 年）
39：Nicomachus, The Manual of Harmonics of Nicomachus the Pythagorean, Translation and Commentary by Flora R. Levin, Phanes Press, 1994, p. 50.
40：天球の音楽については、すでにいくつかのすぐれた文献が翻訳されていますので、興味のある方は参考にしてみてください。

　一般向けの分かりやすいものとしては、ジェイミー・ジェイムズ（黒川孝文訳）『天球の音楽 歴史の中の科学・音楽・神秘思想』（白揚社、1998 年）

より専門的なものとしては、ジョスリン・ゴドウィン（高尾謙史訳）『音楽のエソテリスム——フランス「1750-1950」秘教的音楽の系譜』（工作舎、2001年）。同著者（斉藤栄一訳）『星界の音楽　神話からアヴァンギャルドまで——音楽の霊的次元』（工作舎、1990年）

41：Mrs. L. Dow Balliett, Mrs. L. Dow Balliett, Philosophy of Numbers : Their Tone and Colors, Kessinger Publishing, p. 21, Original edn., 1908.

42：Juno Jordan, Numerology : The Romance in Your Name, Devorss Publicantions, 1988, pp. 327-328, Original edn., 1965.

43：Florence Campbell, Your Days are Numbered: A Manual of Numerology for Everybody, DeVorss Publications, 2002, p. 221, Original edn., 1931

　また、キャンベルの対応とは完全に異なりますが、より最近のモダン・ヌメロロジーの本であるスザンヌ・ウァグナーの『完全ヌメロロジー』においても、それぞれの数に対して、天体、及び星座が対応させられているのを見ることができます（Suzanne Wagner, Integral Numerology, Integral Numerlogy, Strong Winds Publication, Inc., 2005, pp. 29-40.）。

44：Florence Campbell, ibid., pp. 219-220.　ちなみに、最近のヌメロロジーの本の中では、Sonia duciem, The Complete Illustrated Guide to Numerology, Element Books, 1999, pp. 176-177にキャンベルとはまた異なる形で、数と石が対応させられているのを見ることができます。

　また、20世紀初頭には、ミセス・バリエッタ、あるいはキャンベルとはまったく異なる、数に対する天体、色、音程、それぞれの対応もありました。次の対応は、当時の非常に有名な占い師であったセファリアルによるものです。Sepharial, ibid., p. 68.

太陽	C	4、1	オレンジ
土星	D	8	インディゴ
水星	E	5	イエロー
月	F	7、2	グリーン
火星	G	9	レッド
金星	A	6	ブルー
木星	B	3	ヴァイオレット

3　ゲマトリアの起源

■「ピュタゴラスのカバラ」というトンデモ説

　今日、「カバラ」と言えば、一般的にユダヤ教の神秘主義的な教えのことを意味します。モダン・ヌメロロジーの本の多くでは、そのルーツをピュタゴラスへと結び付けようとする一方で、カバラとも非常に歴史的に深いかかわりがあるという説明がなされています。そればかりか本によっては、そのふたつをミックスして「ピュタゴラスはユダヤの秘法カバラを学んだ」、あるいは「ピュタゴラスはカバリストだった」といった「トンデモ説」が、堂々と主張されている場合もあります。念のために言っておくと、ピュタゴラスはユダヤ教徒ではもちろんないし、そもそも今日知られるような神秘主義的なカバラの実践が誕生したのも、歴史的にはピュタゴラスの時代よりも、随分後のことです。

　ところで、カバラと並んで「ゲマトリア」という言葉をご存知でしょうか。もしかすると、これまで「数秘術」関係の本を何冊も読んだことがあるという人にとっては、すでに聞き覚えのある言葉なのではないでしょうか。

　ゲマトリアというのは、簡単に言うと、ある単語を構成しているアルファベットを数へと変換し、それによってその単語の隠された意味を探るために、カバラで用いられたひとつのテクニックのことです。実際にゲマトリアは、カバラの伝統の中で『聖書』を解読するために欠くことのできない重要な実践方法のひとつでした。

　そもそもモダン・ヌメロロジーにとっても、アルファベットを数に変換するというシステムはなくてはならないものです。なんと言っても、本書でも紹介しているモダン・ヌメロロジーの重要

なコア・ナンバーであるディスティニー・ナンバー、ソウル・ナンバー、パーソナリティー・ナンバーなどは、アルファベットを数に変換するシステムなしに導くことはできません。

　ところでみなさんは、モダン・ヌメロロジーにおけるアルファベットから数への変換のシステムが、なぜそのような対応になっているのか、つまりなぜAが1でBが2なのかといったことに素朴な疑問を感じたりはしませんか？　ただし、奇妙なことにも、これまでの一般的なモダン・ヌメロロジーに関するどの本を見ても、その理由に対してきちんとした説明がなされているものはありません。

　従って本節では、その問いに答えるべく、まずカバラの伝統として知られるゲマトリアを、いったんその起源からたどり直してみます。さらにその結果、モダン・ヌメロロジーの不問にされたままの謎、すなわちそのシステムの由来にまで迫ってみるつもりです。

■アイソプセフィー

　ゲマトリア。確かに歴史的にそれは、ユダヤ教のカバラの中で発展していったテキスト解読のための手法であることは間違いありません。しかしながらその起源は、ユダヤ教神秘主義カバラではなく、古代ギリシャへとさかのぼることができるものなのです。また、一般的なヌメロロジーに関する本では、なにかと「ユダヤの秘法」と紹介されることの多いゲマトリアですが、この後見ていくように、歴史的にはもともと秘教的な教えとはまったく関係のないところから始まったものなのです。

　そもそも今日、ゲマトリアと呼ばれるアルファベットと数の変換の手法は、ギリシャでは「アイソプセフォス（isopsephos）」、あるいは「アイソプセフィー（isopsephy）」と呼ばれ、ユダヤ教のなかでその使用が認められる前から、広く一般的に知られているものでした[45]。また、アイソプセフィーがギリシャで起こった理由は、数を表記するためにギリシャ文字のアルファベットを使用していたということと関係しています[46]。

　どういうことかというと、今日わたしたちが普通に使っている数字（インド起源の「アラビア数字」と呼ばれる表記体系）は、その頃のギリシャでは使われていませんでした。そこで数を表記するための方法として、ギリシャでは既存の自分たちのギリシャ文字のアルファベットを、数表記のために使用するということが一般的におこなわれていたのです。

　ちなみに古代ギリシャにおける、数表記のためのアルファベットの使用方法は、大きく分けて3つあったことが分かっています[47]。

① 1から24までの数に対して、1＝A（アルファ）、2＝B（ベータ）、3＝Γ（ガンマ）……24＝Ω（オメガ）というよう

Modern Numerology

に、24文字のアルファベットを、その順番どおりに割り当てる方法。

　一見、このシステムでは、アルファベットは24文字しかないため、単純に考えると24までの数しか表すことができないようにも思われます。しかしながら、実際には24以上の数を表記するために、順にアルファベットを組み合わせるという方法が取られていました。たとえば25＝AA、26＝AB、27＝AΓというように。

　このシステムは、主に書物の"章"を列挙する際に使用されていました。たとえばホメロスの『叙事詩』やアリストテレスの『形而上学』の各章の表記などには、実際にこのシステムが採用されています。

② ヘロディアニック・システム（アッティカ・システム）

　ヘロディアニックという名前は、このシステムが2世紀に活躍した文法学者ヘロディアヌスによって書かれたアテネの碑銘の中に見られることから付けられました。また、アッティカ地方で、紀元前5世紀頃から発達したと思われるこのシステムは、紀元前1世紀頃にはアテネでのさまざまな職務の中で公的な方法として採用されたようです。

```
1    I                          500   ┌⁺                      Examples
5    ┌    (pente)              1000   X   (khilioi)           11    ΔI
10   Δ    (deka)               5000   ┌⁺                      63    ┌⁺ΔIII
50   ┌⁺, ┌⁺, ┌⁺               10,000  M   (myrioi)           128   HΔΔ┌III
100  H    (hekaton)           50,000  M̄                     1601  X┌⁺HI
```

図4
(Kieren Barry, The Greek Qabalah, Samuel Welser, Inc., 1999, p. 22)

　十進法を使ったこのシステムでは、まず1から4までの数は、

Ι（イオタ）を繰り返すことで表記します。続く 5 の数には、Π（ピー）。10 の数には、Δ（デルタ）が使われます。さらに 100 の数には Η（エータ）、1,000 の数には Χ（キー）、10,000 の数には Μ（ミュー）が使われます。

　ちなみに、このシステムは「アクロフォニック」という呼び方でも知られています。アクロフォニックという語は、akro（最も上の）＋ phone（音）という意味を持ちます。つまり、数の表記に使われている文字が、その数の最も上、すなわちイニシャルの音となっているからです。

　面白いのは、50、及び 500 という数の表記方法です。5 を表すΠ（ピー）の文字の中に、それぞれ 10 を表す 10（デルタ）と 100 を表す Η（エータ）を付け加えることで、新しい記号が作られています。

　このシステムで、たとえば 21,335 という数を表記すると次のようになります。

ΜΜΧΗΗΗΔΔΔΠ

③　アルファベティック・システム（イオニア・システム）

　アルファベティック、もしくはイオニアと呼ばれるこのシステムは、前述のヘロディアニック・システムと異なり、数を表記するためにアルファベットのすべての 24 文字を使います。

　また、現在使われていない 3 つの文字、ディガンマ、クォパ、サンピが、それぞれ 6、90、900 を表記するのに使われています。すなわち、全部で 27 のアルファベットで数を表しています。

　ヘレニズム時代をとおして使われたこのシステムは、アレクサンドロス大王の遠征の頃、もっとも一般的になりました。

1	α	10	ι	100	ρ	1000	͵α	
2	β	20	κ	200	σ	10,000	M	
3	γ	30	λ	300	τ	20,000	β/M	
4	δ	40	μ	400	υ			
5	ε	50	ν	500	φ	Examples		
6	Ϝ	60	ξ	600	χ	11	ια	
7	ζ	70	ο	700	ψ	63	ξγ	
8	η	80	π	800	ω	128	ρκη	
9	θ	90	ϟ	900	ϡ	1601	͵αχα	

図5
(出典：Kieren Barry, The Greek Qabalah, Samuel Welser, Inc., 1999, p. 22)

　ここで注意すべきなのは、このような数とアルファベットの対応、すなわち数を表記するための記号としてアルファベットを使用するというのは、ギリシャ人にとって、あくまで主に商取引などのきわめて実用的で日常的な目的のための発明だったということ。すなわち当初は、オカルト的な秘教的実践とはまったく無縁であったということなのです。
　しかしながら、特に3つのうち最後の表記体系に注目すると、そこにはモダン・ヌメロロジーの文字とアルファベットの変換のシステムの原型的な形が見られることが分かります。
　そこではモダン・ヌメロロジーと同様に、10ではなく、9までの数で折り返す形で3列からなるシステムが作られています。もちろんそうなったのは、このギリシャのアルファベティック・システムで使用されたのが、あくまで27文字のアルファベット（9×3＝27）だったことに由来しています。
　さて、こういったギリシャのアルファベットによる数の表記体系は、やがてほかの地域へも広がっていくことになります。この後見ていくように、いわゆるカバラのゲマトリアにおけるヘブライ文字を使用した数の変換のシステムも、このギリシャのシステムにルーツがあることは間違いありません。
　では、このギリシャのシステムが、ユダヤ教の中でゲマトリア

として応用されるようになったのは、いつ頃からなのでしょうか。次にそれを見ていくとしましょう。

■ヘブライ文字によるゲマトリアの起源

　ユダヤ教の中でゲマトリアが実践されるようになった歴史的背景には、まずギリシャのアルファベットによる数の表記体系、及びアイソプセフィーの普及があります。まずはそれが、いかにしてユダヤ人の間で知られるようになったか、その歴史を簡単にまとめてみましょう[48]。

　紀元前334年。マケドニアのアレクサンドロス大王（アレクサンドロス3世、紀元前356?〜323年）によるペルシア帝国への侵略をきっかけに、ギリシャの文化は中東へともたらされることになります。アレクサンドロス大王の支配は、小アジア、シリア、ユダヤ、エジプト、バビロニア、ペルシア、インドの一部まで及び、それらの土地では、マケドニアの公用語としてのギリシャ語、すなわちコイネ・ギリシャ語が話されることになります。

　ユダヤ王国がアレクサンドロス大王によって支配されたのは紀元前322年。この時マケドニアによるユダヤ王国の支配のもと、ギリシャ文字のアルファベットによる数のシステムが、ユダヤ人によって採用されるようになりました。その初期の例は、紀元前2世紀のマカバイの反乱の時代のコインの上に見ることができます[49]。

　この時代に入ってきたギリシャ文字による数の表記法を、ユダヤの人々が自分たちの文字に対して適用することで、やがてヘブライ文字のアルファベットも数を表記するための記号として使用されるようになっていきました。

　そもそも、文字の歴史という点から言えば、ギリシャ文字とヘブライ文字のアルファベットは、フェニキア文字という共通の祖先を持っています。ですから、ギリシャ文字のアルファベットを

ヘブライ文字のアルファベットへと置き換えることは、決して難しいことではありません。ちなみに次の表は、エジプト、フェニキア、ヘブライ、ギリシャ、ラテン、ルーンそれぞれの文字が代用していた数価を一覧として表したものです。

Line	EGYPTIAN	PHOENICIAN	HEBREW				GREEK				LATIN	RUNES	
	1	2	3 Letter	4 Phonetic value	5 Number-word	6 Name	7 Letter	8 Phonetic value	9 Number-word	10 Name	11	12 Letter	13 Number value
1	𓃾	∢	א	ʼ	1	alef 'Rind'	Αα	a	1	alpha	A	F	4
2	▱	9	ב	b	2	beth 'Haus'	Ββ	b	2	bēta	B	B	18
3		⌐	ג	g	3	gimel 'Kamel'	Γγ	g	3	gámma	C	–	–
4	⌑	△	ד	d	4	daleth 'Tür'	Δδ	d	4	délta	D	M	24
5		∃	ה	h	5	he	Εε	e	5	è-psilón	E	M,1	19,13
6	Y	7	ו	w	6	waw 'Nagel'	Ϝϛ	–	6	wū	F	V	1
7		エ	ז	z	7	zajin 'Waffe'	Ζζ	z	7	zēta	(G)	X	·7
8		日	ח	ḥ	8	heth	Ηη	ä	8	ēta	H	N	9
9		⊕	ט	ṭ	9	teth	Θϑ	th	9	thēta	100?	Þ	3
10	⌒	2	י	j	10	jod 'Hand'	Ιι	i	10	jōta	I	1,5	11,12
11	⌒	⋎	כ	k	20	kaf 'offene Hand'	Κκ	k	20	káppa	K	<	6
12		乚	ל	l	30	lamed	Λλ	l	30	lámbda	L	↾	21
13	⌇	⋎	מ	m	40	mem 'Wasser'	Μμ	m	40	mŷ	M	M	20
14		4	נ	n	50	nun 'Fisch Schlange'	Νν	n	50	nŷ	N	↑	10
15		≢	ס	s	60	samek	Ξξ	x	60	xî	–	–	–
16	⌒	O	ע	ʻ	70	ajin 'Auge'	Οο	o	70	ò-mikrón	O	X	23
17		?	פ	p	80	pe 'Mund'	Ππ	p	80	pî	P	ɾ	14
18		ṛ	צ	ṣ	90	sade							
19		⌽	ק	q	100	qof	Ϙϟ	–	90	kóppa	Q	–	–
20	⌬	⌐	ר	r	200	reš 'Kopf'	Ρϱ	r	100	rhō	R	R	5
21		W	ש	š	300	šin 'Zahn'	Σσ	s	200	sîgma	S	ϟ	16
22		x+	ת	t	400	tau 'Zeichen'	Ττ	t	300	taû	T	↑	17
23			ך	-k	(500)	(kaf)	Υυ	ü	400	ŷ-psilón	V	u, ∩	2
24			ם	-m	(600)	(mem)	Φφ	ph	500	phî	1000	w, P	8
25			ן	-n	(700)	(nun)	Χχ	ch	600	chî	X	ng X	22
26			ף	-f	(800)	(fe)	Ψψ	ps	700	psî	50?	-z Y	15
27			ץ	-s	(900)	(sade)	Ωω	ō	800	ò-méga	–	–	–
28							↑⇞↑	–	900	sampî	–	–	–

図 6
（出典：Karl Menninger, Number Words and Number Symbols, Dover Publications, Inc., 1992, p. 265）

ちなみに、カバラ研究の権威ゲルショム・ショーレムによれば、ゲマトリアという語がラビの文献の中に最初に登場したのは2世紀に入ってからです [50]。また、そもそもゲマトリアという語は、ギリシャ語の geometria（幾何学）の変化したものだと考えられます [51]。

　いずれにせよ、後にゲマトリアと呼ばれることになるテクニックが発展していくのは、ここで述べたようなギリシャ文化の影響を受けたユダヤ人が、ヘブライ文字を数の表記として使用するようになった後のことなのです [52]。

■ギリシャ語聖書とゲマトリア

　ゲマトリアがユダヤ教の中で広まっていく際に、その最も主要な目的は、『聖書』を解読し、そこから"深い意味"を見付け出すためのものでした。

　また、ユダヤ教におけるゲマトリアの発達に非常に大きな影響を与えたとして知られる人物が、新プラトン主義の哲学者のフィロン（紀元前30-後45）です[53]。フィロンは、当時のシンクレティズム（異文化の混交）の中心地であるエジプトのアレキサンドリアで、ユダヤ人の大きな共同体のリーダーでした。おそらくフィロンは、ユダヤ教の『聖書』に対して、初めてゲマトリア（当時の言い方ではアイソプセフィー）による解釈をおこなった人物だと思われます。

　フィロンのおこなったゲマトリアの例として、たとえば『創世記』17：15に対する解釈があります。フィロンは、神がアブラハムへ「あなたの妻サライは、名前をサライではなく、サラと呼びなさい」と述べるくだりに対して、サライからサラへの名前の変更によって、彼女の名前は「支配者」を意味することになるということを、ゲマトリアを用いて説明しています[54]。

　ところで、実はこういったフィロンのゲマトリアによる聖書解釈は、実はヘブライ語で書かれた『聖書』ではなく、ギリシャ語に翻訳・改定された『聖書』——すなわち紀元前3世紀半ばから紀元前1世紀の間に書かれた『70人訳聖書』が用いられています。

　ちなみに、フィロン以外のゲマトリアによる『聖書』解釈の初期の例を見ても、そこで使われているのはギリシャ文字です。たとえば、2世紀のキリスト教神学者ユスティノス（100?-162?）の『弁明』の中でおこなわれているゲマトリアも、『70人訳聖書』がもとになっています[55]。また、ほぼ同時代の初期キリスト

教教父エイレナイオス（130?-202）の『異端反駁』の中でも、ギリシャ語に翻訳された神の名前をもとにしたゲマトリアの例が載っています[56]。こういったことからも、ゲマトリアがもともとギリシャ起源のアイソプセフィーに由来するものだったということが、お分かりいただけると思います。

　後にユダヤ教の中では、ヘブライ語で書かれた『トーラ』（ヘブライ語『聖書』の最初の五書、「創世記」、「出エジプト記」、「レビ記」、「民数記」、「申命記」のこと）を解釈するためのテクニックとしてのゲマトリアの使用が広まります。

　ただし、念のために言っておくと、もともとの『トーラ』が、ゲマトリアのルールに基づいて書かれた証拠はありませんし、そこにゲマトリア的な深い意味が隠されているという保証もありません。

　このことについて、古代ギリシャからユダヤ教へと至るアイソプセフィーの歴史を詳細に跡付けた『ギリシャ・カバラ』の著者キーレン・バリーは、「後のカバリストたちが、ゲマトリアの光の中で、旧約聖書を解釈する努力をしているが、そのテキストの中にヘブライ文字によるゲマトリアの使用によって意図的に書かれた例を見付けることができない[57]」とはっきり述べています。

　そもそも年代的なことから考えても、『トーラ』がゲマトリアによって書かれたとみなすのは困難です。というのも、『トーラ』の成立年代は、紀元前587年―紀元前332年の間頃とみなされています[58]。一方で、ヘブライ文字のアルファベットを数として使った最初の記録は、前述のとおり早くても紀元前2世紀頃から。すなわち、『トーラ』を含む『旧約聖書』のテキストの成立はいずれも、数の表記法としてのヘブライ文字の使用の普及よりかなり前のことなのです。

　明らかにゲマトリアの原理が用いられて書かれたとみなされる、現存する最初のヘブライ語のテキストは、3世紀から6世紀

の間に、ピュタゴラス、及び新プラトン主義の影響下で書かれたユダヤ教神秘主義の書、『セーフェル・イエツィーラー』が知られています。

　『セーフェル・イエツィーラー』の中では、特別な意味や属性を持ったシンボルとして22文字のヘブライ文字のアルファベットが扱われています。下記の一覧は、『セーフェル・イエツィーラー』の中で与えられた、それぞれのアルファベットに対しての天体、星座、エレメンツの配属です。

アレフ	空気
ベス	土星
ギメル	木星
ダレス	火星
ヘー	水瓶座
ヴァウ	牡牛座
ザイン	双子座
ヘス	蟹座
テス	獅子座
ヨッド	乙女座
カフ	太陽
ラメド	天秤座
メム	水
ヌン	蠍座
サメク	射手座
アユイン	山羊座
ペー	金星
ツァダイ	牡羊座
クォフ	魚座
レシュ	水星

| シン | 火 |
| タウ | 月 |

　ただし、このような天体、星座、エレメンツをアルファベットと結び付けるという発想も、実はギリシャへとさかのぼることができます。特に、前述したピュタゴラス主義の天球の音楽というコンセプトと、もともとはかかわりを持つものでした。

　天体とアルファベットの関係を説明している最初の文献として知られているのは、ギリシャの医師、ヒポクラテス（紀元前460-377）の『7について』という著作です。さらに、アリストテレス（紀元前384-322）の『形而上学』では、いかにピュタゴラス主義者たちが、ギリシャ文字のアルファベットを天体や音程などと関連させていたかが語られています。残念ながら今回は、それらについて詳しく説明していると本題から逸れてしまうので、詳しくはまた別の機会にゆずりたいと思います[59]。

　また余談になりますが、非常に面白いのは、これらのヘブライ文字と天体、星座、エレメンツの対応というアイディアは、ヌメロロジーとはまた別の占いであるタロット・カードの世界で、19世紀半ば頃から積極的に取り入れられ、今日の主要なタロット理論のもとが作られていったという点です。このことについては、拙著、『タロット大全　歴史から図像まで』で詳しく説明していますので、興味のある方は、どうぞそちらをご覧ください[60]。

　さて、ここまでは、ギリシャでのアルファベットによる数の表記体系、及びアイソプセフィーが、いかにユダヤ教の中のゲマトリアへと伝わっていったのか、そのおおまかな流れについて説明してきました。

　ところでミセス・バリエッタから始まる今日のモダン・ヌメロロジーにおける数とアルファベットの対応のシステムは、ギリシャ文字でもなくヘブライ文字でもなくラテン文字です。そこで、

ラテン文字によるゲマトリアは、いったいどのようにして生まれてきたのかという点を、次に見ていきたいと思います。

45：ギリシャ語のIsopsephosは、Iso-等しい、Psephos小石という意味を持っています。初期の時代のギリシャでは、数を学ぶために小石を並べるということが、しばしば使われていました。ですから、アイソプセフィーとは、「等しい小石」、すなわち「等しい数」という意味の含みがある言葉だということになります。

46：ただし、アイソプセフィーのもっとも初期の記録と思われるものが、ギリシャ以前にバビロニアからたったひとつだけ見付かっています。サルゴン二世（紀元前727-707）の名前が、コルサバドの彼の宮殿の周囲の長さである16,283キュビットと等価であるとの記述が、粘土板に残されています。詳しくは、M. Farbridge, Studies in Biblical and Semitic Symbolism, Ktav Publishing House, 1970, p. 94.

47：古代ギリシャのアルファベットによる数の表記法についての詳細は、Karl Menninger, Number Words and Number Symbols : A Cultural History of Numbers, Dover Publications, Inc., 1992, pp.262-263 and pp. 268-274, Original edn., 1969, 及びKieren Barry, The Greek Qabalah : Alphabetic Mysticism and Numerology in the Ancient World, Samuel Weiser, Inc., 1999, pp. 21-23.

48：以下のユダヤ人へのアイソプセフィーの普及については、Kieren Barry, ibid., pp. 171-177.

49：Karl Menninger, ibid., pp. 265-266.

50：Gershom Scholem, Kabbalah, Keter Publishing House, 1974, p. 337.

51：Karl Menninger, ibid., p. 266.

52：ゲマトリアのギリシャ起源についてのさらに詳しい歴史的考察は、John Opsopaus, Some Notes on the History of Isopsephia (Gematria), "http://www.cs.utk.edu/~mclennan/BA/Snhig.html"

53：フィロンとアイソプセフィーについては、Kieren Barry, ibid., pp. 174-175.

54：Philo, Question and Answers on Genesis, Ⅲ ; 54, translated by R. Marcus, William Heinemann Ltd., 1953, p. 254.

55：ユスティノスによる『弁明』の中のゲマトリアについて詳しい解説は、Kieren Barry, ibid., p.176.

56：Irenaeus, Against Heresies, Ⅱ ; 35, Translated by R. M. Grant, Routledge, p.122.

57：Kieren Barry, ibid., p.176.

58：Gershom Scholem, ibid., p. 10.

59：ギリシャにおけるアルファベットに対する天体、星座、及びエレメンツの対応について詳しくは、Kieren Barry, ibid., pp. 35-61.

60：伊泉龍一『タロット大全　歴史から図像まで』（紀伊國屋書店、2005年）263-266頁を参照ください。

4　ラテン文字によるゲマトリア

■ローマ人とアイソプセフィー

　前節では、後にゲマトリアと呼ばれることになるギリシャのアイソプセフィーが、ユダヤ教へと伝わっていった過程について見てみました。

　ただし、アイソプセフィーが広まったのは、ユダヤ教の人々の間だけではありません。むしろ紀元前4世紀末のヘレニズム期以降はグノーシス主義者、キリスト教の初期教父たち、新プラトン主義者などといったさまざまな宗派、学派の間でも、盛んにアイソプセフィーがおこなわれていました。また、彼らのアイソプセフィーは、いずれもギリシャ文字を用いたものでした。

　ところで、当時のローマ人たちはどうだったのでしょう。彼らは、すでに自分たちの文字であるラテン文字を使ったアイソプセフィーをおこなっていたのでしょうか。

　結論から言うと、残念ながら古代ローマでは、ラテン文字を使用したアイソプセフィーがおこなわれていたという証拠はありません。むしろ、当時のローマの人々の間に広まっていたのは、ギリシャ文字によるアイソプセフィーでした。歴史的なことを言うと、ローマは紀元前1世紀頃からヘレニズム化、すなわちギリシャ文化の影響下に入りました。そして当時の教養あるローマ人は、ギリシャ語を話しました。そういったことからも、ローマにおいてギリシャ文字によるアイソプセフィーが広まったとしても決して不思議ではありません。

　たとえば実際の証拠としては、79年のベスビオ山噴火の際に、ポンペイ（1世紀までナポリ近郊にあった都市国家）に埋まった噴火灰の地層の下から、ギリシャ文字によるアイソプセフィーを

使って恋する人への愛を語った落書きが見付かっています[61]。また、ローマ歴史家スエトニウス（69-140）は、町の壁に告知された次のようなアイソプセフィーの落書きがあったことを記録しています。

> 数価を数えなさい
> ネロの名前の文字の
> そして「彼自身の母親を殺したこと」について
> あなたはそれらの合計が同じであることを見付けるだろう[62]。

これは皇帝ネロ（37～68）が、自分の母を暗殺することを企てたという有名な話に言及したものです。ちなみに、ギリシャ文字のアイソプセフィーでは、「ネロ（Νερων）」と「自分の母を殺した（ιδιαυ μητερα απεκτεινε）」という2語は、それぞれ合計すると共に1,005となります。

こういった当時のアイソプセフィーの使用の例に対して、キーレン・バリーは次のように述べています。

> ローマ人によって使用されたギリシャ文字によるアイソプセフィーの例は興味深い。それはアイソプセフィーが、古代世界のなかで秘教的科学、もしくは隠された英知（グノーシス）ではなかったことを明らかに表している。アイソプセフィーは普通に使われていた。そしてそれは、ごく普通の人々の間で広まっていた知識だった[63]。

ラテン文字を使ったアイソプセフィー（＝ゲマトリア）が登場し、そしてそれが秘教的、あるいはオカルト的なものとして使用されている例を見るためには、さらに時代を中世まで進めなくてはなりません。

■ラテン文字によるゲマトリアのシステム

　実のことを言うと、ラテン文字を使ったゲマトリアが、いつ頃から始まったものなのか、その正確な時期に関して、はっきりとしたことは分かってはいません。しかし少なくとも中世の終わり頃には、それがオカルト的な実践として知られるようになっていたことは確かです。

　ラテン文字を数と対応させる試みの初期の例として知られているのは、13世紀のフランチェスコ会士であるライムンドゥス・ルルス（1232-1316?）によるものです[64]。ただし、ルルスはラテン文字のアルファベットすべてを使用したわけではありません。B、C、D、E、F、G、H、I、Kの9つのラテン文字に対して、1から9までの数を割り当て、さらに次のような属性を対応させました。

B	善性（Bonium）	1
C	偉大さ（Magunm）	2
D	永遠性（Durans）	3
E	能力（Potent）	4
F	知恵（Sapiens）	5
G	意志（Volens）	6
H	力（Virtuosu）	7
I	真理（Verum）	8
K	栄光（Glorioso）	9

　ルルスのこういった対応は、アルファベットの組み合わせによって、この世のすべてのことを解き明かすための「術」のために使用されました。簡単に言うとルルスは、アルファベットを回

転可能な円形の図表にし、それを回転させることで造られる文字の組み合わせによって、神の英知を得ようとしたのです[65]。

ちなみに、ルルスのこういった9という数によるカテゴリーは、20世紀初頭にロシアの神秘主義者グルジエフ（1877?-1949）を中心としておこなわれた「エニアグラム」のプロトタイプ（原形）であるとも言えるでしょう。

話が少し逸れましたので、ラテン文字と数の対応に話を戻しましょう。

16世紀頃には、すべてのラテン文字が数と対応させられたシステムが登場するようになります。

たとえば、ルネサンス期ドイツを代表する思想家コルネリウス・アグリッパ（1486-1535）著『オカルト哲学』（1531）には、ラテン文字を使ったゲマトリアが紹介されています[66]。

1	2	3	4	5	6	7	8	9
A	B	C	D	E	F	G	H	I

10	20	30	40	50	60	70	80	90
K	L	M	N	O	P	Q	R	S

100	200	300	400	500	600	700	800	900
T	V	X	Y	Z	I	V	HI	HV

ご覧のとおり、アグリッパの紹介している文字と数の対応のシステムは、一般的なモダン・ヌメロロジーとまるで違うものとなっています。

まず、今日のアルファベットで普通に使用されているJとUとWは使われていません。ちなみに、紀元前1世紀頃の時代におけるラテン文字は、実際にこの3つの文字を除く23文字から

なるアルファベットでした。それが現在の26文字になったのは、中世になって、J が I から、U と W が V から分化したことによります[67]。

さらにアグリッパによるシステムでは、I と V の文字が2度使われ、さらに HI と HV という文字が追加されています。これは明らかに文字と数の対応の起源が、「アルファベティック・システム（イオニア・システム）」と呼ばれるギリシャ式のものであることを示しています。というのも、前述したようにギリシャのアルファベティック・システムでは、全部で27文字のアルファベットが使用されていました（237〜238頁）。すなわち、「I」、「V」、「HI」、「HV」の4文字は、ギリシャの「アルファベティック・システム」に合わせるために追加された文字なのです。

さらにアグリッパに由来するとされているもうひとつ別のシステムもあります[68]。

A	B	X	D	E	F	G	H	I
3	3	24	25	3	3	8	15	15

K	L	M	N	O	P	Q	R	S
15	22	23	15	8	13	22	22	9

T	V	X	Y	Z
5	5	8	3	3

最初に紹介したアグリッパのシステムは、ギリシャの「アルファベティック・システム」をもとにしていることは分かります。しかし、このふたつ目のシステムについては、どのようなロジックで数と文字の割り当てが作られたのか、明らかではありません。

アグリッパのふたつ目のシステムに似た数とアルファベットの風変わりな対応が、やや時代は下りますが、17世紀のドイツのイエズス会士アタナシウス・キルヒャー（1601〜1680）の著書『アリスモロギア』（1665）の中で取り上げられています[69]。対応は次のとおりです。

A	B	C	D	E	F	G	H	I
1	3	22	24	22	3	7	6	20

K	L	M	N	O	P	Q	R	S
1	10	23	12	8	13	27	13	9

T	V	X	Y	Z
8	2	6	3	4

アグリッパの後、16世紀終わりから18世紀初頭頃まで、ラテン文字を使用したさまざまなシステムが登場することになります。

その時代のラテン文字を使ったさまざまなシステムのヴァリエーションは、有名なドイツの作曲家バッハの音楽とアリスモロジーの関係を研究したスウェーデンのストックホルム大学で教鞭を取るルース・タトローの著書『バッハとナンバー・アルファベットの謎』（1991）の中で、詳しくみることができます[70]。それを参照すると、アグリッパのひとつ目のシステムのようにギリシャの「アルファベティック・システム」を、ラテン文字に応用したシステム（タトローはこれを「ラテン・ミレシアン」と呼んでいます）だけでも、そのヴァリエーションは7種類あります。

また、以下のようなラテン文字の順番に素直に数を割り当てるシステム「ラテン・ナチュラル・オーダー」のヴァリエーションも4種類あります。

1	2	3	4	5	6	7	8	9
A	B	C	D	E	F	G	H	I

11	12	13	14	15	16	17	18	19
K	M	N	O	P	Q	R	S	T

20	21	22	23
U	X	Y	Z

　ほかにも列挙すると、「トリゴナル」(2ヴァージョン)、「ピラミィディカル」(2ヴァージョン)、「クオランギュラー」、「クインクアンギュラー(ペンタゴナル)」、「セキスアンギュラー(ヒキサゴナル)」、「セプタンギュラー(ヘプタゴナル)」、「オクタンギュラー(オクタゴナル)」、「ノンアンギュラー(エンネアゴナル)」、「デカゴナル」、「アンデカゴナル」、「デュオデカンギュラー」、「トレデカンギュラー」、「クアトロデカンギュラー」、「クインデカンギュラー」、「プロニカ」、「サーキュラー」、「キュービカ」と呼ばれる驚くべきほどのさまざまなシステムのヴァリエーションがあります。

　これらはすべて、それぞれある一定のルールに基づいて、数をアルファベットに対応させるシステムとなっています。

　たとえば、「トリゴナル」。これは「三角数」、すなわち $N = n(n+1)/2$ を満たす数、1, 3, 6, 10, 15, 21, 28 ……をアルファベットに順に当てはめていくシステムです。

A	B	C	D	E	F	G	H	I
1	3	6	10	15	21	28	36	45

K	L	M	N	O	P	Q	R	S
55	66	78	91	105	120	136	153	171

T	U	X	Y	Z
190	210	231	253	276

　これらのシステムの多くが使われたのは、16世紀終わりから18世紀初頭頃です。そう、17世紀は、まさしくラテン文字によるゲマトリアの黄金時代だったのです。

　念のために言うと、これらの多様なシステムはいずれを見ても、ミセス・バリエッタ以降広まった今日のモダン・ヌメロロジーで一般的となっているシステムとは、まったく異なる対応となっています。

　ミセス・バリエッタ自身は、自らのシステムをピュタゴラスに由来すると述べていますが、すでに指摘したように、ピュタゴラス主義者たちは、そもそもラテン文字を使っていません。ただし、ひとつ言えるとすれば、おそらくミセス・バリエッタは、過去のこうしたラテン文字による複雑なシステムを好まず、直接ギリシャのアルファベティック・システムを参考にしながら、よりシンプルな形へとアレンジを加えることで、自らのシステムを作り上げたのではないかということが推測できます[71]。

　ところで、モダン・ヌメロロジーの文字に対する数の対応のシステムも、実は本書で紹介したミセス・バリエッタによるもの以外に、いくつかヴァリエーションが存在します。次にそれを簡単に紹介していきたいと思います。

■ピュタゴリアン・システム　VS　カルディアン・システム

　モダン・ヌメロロジーにおける数と文字の変換のシステムとして最もポピュラーなものは、本書でも紹介したミセス・バリエッタのシステムです。前にも述べたように、ミセス・バリエッタのシステムは、今日では一般的に「ピュタゴリアン・システム」と呼ばれています。
　まずここでは、ピュタゴリアン・システムと双璧をなす、モダン・ヌメロロジーにおけるもうひとつのメジャーなシステムを紹介します。以下に数とアルファベットの対応を示しておきます。

1	2	3	4	5	8	3	5	1
A	B	C	D	E	F	G	H	I

1	2	3	4	5	7	8	1	2
J	K	L	M	N	O	P	Q	R

3	4	6	6	6	5	1	7
S	T	U	V	W	X	Y	Z

　通称「カルディアン・システム（Chaldean System）」と呼ばれているこのシステムは、その名称からも想像できるように、古代カルディアにさかのぼるものとされています。しかも、このシステムの擁護者は、ピュタゴリアン・システムよりも古いものだと断言しています。
　しかしながら、どう考えてもこのシステムが、カルディアと関係があるという根拠は見当たりません。もはや言うまでもないかもしれませんが、そもそもカルディア人の間では、ラテン文字が

使われていません。

　カルディアン・システムが最初に使われたのは、おそらく20世紀初頭に活躍したアイルランド出身に活躍した有名な占い師キロー（1866-1936）の『キローの数の本』（1926）の中だと思われます[72]。キローは、このシステムについて次のように述べています。

その起源は、古代の中で失われている。しかし、すべての魔術のマスターだったカルディア人に起源があると信じられている。そしてユダヤ人によって引き継がれた[73]。

　このキローの主張がもとになって、このシステムのルーツはカルディアにあり、という誤った説が、20世紀のヌメロロジストたちの間で信じられるようになっていったようです。

　ちなみにこの同じ対応を、数を基準に整理した形で記すと次のようにも並べられます。

1	2	3	4	5	6	7	8
A	B	C	D	E	U	O	F
I	K	G	M	H	V	Z	P
J	R	L	T	N	W		
Q		S		X			
Y							

　こう並べてみるとすぐに分かりますが、カルディアン・システムの方で変換に使われている数は8までです。また、ピュタゴリアン・システムとは、アルファベットと数の対応がまったく異なるため、当然のことながら、どちらのシステムを採用するかで、明らかに違うナンバーが導き出されてしまいます。

　さて、ピュタゴリアン・システムとカルディアン・システム、

いったいどちらのシステムを使用すべきなのでしょうか。

『カルディアン・ヌメロロジー（Chaldean Numerology）』（1999）の著者、リーヴァ・トンプソン[74]などに代表されるように、あくまでカルディアン・システムにこだわる現代のヌメロロジストも存在します。その一方で、アメリカのヌメロロジスト、ロイド・ストレイホーンなどは、ピュタゴリアン・システム、カルディアン・システム両方を、それぞれの用途に合わせた形で使用することを勧めています。

ストレイホーンによれば、ピュタゴリアン・システムによって導き出される答えは、どちらかというと「心理学的」で、一方のカルディアン・システムの方の答えは、「オカルト的、もしくは形而上的」であり、それは「表舞台の背後で働く隠された力、もしくは目に見えない糸を示す」ものだそうです[75]。

ところで話は変わりますが、モダン・ヌメロロジーのさまざまなメソッドを解説した決定版とも言うべきマシュー・オリヴァー・ゴドウィンの『ヌメロロジー完全ガイド（Numerology : The Complete Guide）』（1981）では、なんとフランス語、スペイン語、イタリア語それぞれの場合におけるピュタゴリアン・システムによるアルファベットと文字の対応が記されています[76]。フランス語は、これまで見てきたのと対応が同じなので、それとは異なるスペイン語とイタリア語の場合を、以下に記しておきます。

1	2	3	4	5	6	7	8	9
A	B	C	D	E	F	G	H	I
J		L	M	N Ñ	O	P	Q	R RR
S	T	U	V		X	Y	Z	
		CH				LL		

図7　スペイン語

1	2	3	4	5	6	7	8	9
A	B	C	D	E	F	G	H	I
		L	M	N	O	P	Q	R
S	T	U	V					

図8　イタリア語

■モダン・ヌメロロジーにおけるそのほかのシステム

ピュタゴリアン・システムとカルディアン・システム。確かに、このふたつのシステムがモダン・ヌメロロジーの主流となっています。ところが実は、20世紀のヌメロロジストたちの中には、そのふたつとはまた異なる独自のシステムを提案している人もいるのです。それらを以下に列挙してみましょう。

1	2	2	4	5	8	3	8	1
A	B	C	D	E	F	G	H	I

1	2	3	4	5	7	8	1	2
J	K	L	M	N	O	P	Q	R

3	4	6	6	6	1	7
S	T	U	V	W	X	Y	Z

これは神秘主義者ハシュヌ・ハラの『数と名前と色（Number, Name & Color）』（出版年不明）で紹介されているものです。ハラは、このシステムがカバリストによって使われていたと述べています[77]。しかし実際には、カバラのヘブライ文字のシステムとはまったく関係ありません。

もうひとつ別のシステムとして、D・ジェイソン・クーパーの『アンダースタンディング・ヌメロロジー（Understanding Numerology）』（1986）で紹介されているものがあります[78]。

A	B	C	D	E	F	G	H	I
1	2	3	4	5	6	7	8	9
J	K	L	M	N	O	P	Q	R
10	20	30	40	50	60	70	80	90

S	T	U	V	W	X	Y	Z
100	200	300	400	500	600	700	800

　さらに、マーベル・アーマドの『名前とそれらの数（Names and Their Numbers）』（1924）では、12という数に基づくほかに類を見ないシステムが紹介されています[79]。

1	2	3	4	5	6	7	8	9	10	11	12
A	B	C	D	E	F	G	H	I	J	K	L
M	N	O	P	Q	R	S	T	U	V	W	X
Y	Z										

　最後に20世紀初頭のイギリスの有名なオカルティスト、アレイスター・クロウリーが『陰陽によるタオの変容のトリグラムの書（The Book of the Trigrams of the Tao with the Yin and Yang）』の中で提案したシステムを紹介します[80]。

I	L	C	H	X	T	Y	P	A	J	W	O	G
1	2	3	4	5	6	7	8	9	10	20	30	40

Z	B	F	S	M	N	E	R	Q	V	K
50	60	70	80	90	100	200	300	400	500	600

D	U
700	800

　ピュタゴリアン・システム、カルディアン・システムのふたつだけでなく、こういったさまざまなシステムのうち、どれを使うかによってヌメロロジーの占いの結果に大きな違いが出てきてしまう、ということは言うまでもありません[81]。

　とはいえ、これらさまざまなシステムのヴァリエーションのうち、いったいどれが正しいかを問うことは、まったく意味がありません。というのも、すでに「ゲマトリアの起源」のところで見たように、そもそもこれらのルーツであるギリシャの文字と数のシステム自体、本来はヌメロロジーのためではなく、そもそも実用的な目的のために、便宜的に作られたものでしかないからです。

　この問題について、一般的なヌメロロジストたちは、システムを実際に試して、自分なりに確信が持てるものを採用する、ということで解決しているようです。

　さて、本章の最後に、現代でも非常に有名なゲマトリアの例をひとつ取り上げてみたいと思います。

■獣の数

　ゲマトリアの実践は、何もユダヤ教の専売特許なわけではありません。前にも述べたようにヘレニズム期には、グノーシス主義者、キリスト教の初期教父たち、新プラトン主義者などの間でも実践されていました。
　ここでは最も有名なゲマトリアの例として、キリスト教のゲマトリアに由来する666という数を取り上げてみたいと思います。
　ちなみに、この666という数は、数の神秘主義を扱った現代のオカルト本などでも、たびたび紹介されているものなので、ご存知の方もいらっしゃることでしょう。また、ハリウッドのオカルト映画『オーメン』を観た方は、そこにアンチ・キリストの象徴として666という数が使われているのをご覧になったはずです。ちなみに『オーメン』は、もともと1976年に公開されヒットを飛ばし、続編も生み出した人気の映画ですが、そのリメイク版の最新作は、なんと公開日も2006年6月6日となっています。
　さて、このオカルト好きの間ではあまりにも有名な666という数ですが、もとネタは『ヨハネの黙示録』(13：17-18)の次のような文章です。

　そこで、この刻印のある者でなければ、物を買うことも、売ることもできないようになった。この刻印とはあの獣の名、あるいはその名の数字である。ここに知恵が必要である。賢い人は、獣の数字にどのような意味があるかを考えるがよい。数字は人間を指している。そして、数字は666である[82]。（新共同訳）

　この『ヨハネの黙示録』の記述から、666という数は獣の数であり、アンチ・キリストを意味するとされ、その数が示す特定の

人物探しは、いわば現代のオカルト本でもよくおこなわれています[83]。

では、『ヨハネの黙示録』の中に登場する 666 が意図していたこととはなんだったのでしょう。ひとつには、『ヨハネの黙示録』が書かれた時代状況から見て、おそらく 666 という数は、ローマの皇帝ネロ（307-608）を示すゲマトリアだったのではないかと言われています。

というのも、まず「皇帝ネロ」をヘブライ文字で綴ると次のようになり、その合計数は 666 となります（ヘブライ文字と数の対応については 240 頁の表をご覧ください）[84]。

ב　　ר　　ז　　כ　　ק　　ס　　ר
50 + 200 + 6 + 50 + 100 + 60 + 200　= 666

世の終末を描き出した多くの古代の黙示文学には、必ずと言っていいほど、その時代の圧制者に対しての批判的意図が込められていました。同様に、『ヨハネの黙示録』も、当時ローマの皇帝と対立していたキリスト教徒たちに対して、彼らを勇気付けるために書かれたアンチ・ローマの書だったに違いありません[85]。

ちなみに、このアンチ・キリストを意味する 666 という数は、キリストを意味する 888 と対照的な形を意識して使われていることは明らかです。888 という数は、ギリシャ文字で綴ったイエスの合計数です（ギリシャ文字と数の対応については 240 頁の表をご覧ください）。

Ι　Η　Σ　Ο　Υ　Σ
10 + 8 + 200 + 70 + 400 + 200　= 888

『ヨハネの黙示録』の 666 が何を意味しているのかということ

に関して、実際にはさまざまな解釈が可能ですが、その中のひとつに、ナチスの総統ヒトラーを予言したものだというのもあります。ただしその場合のアルファベットと数の対応は、次のようなシステムを使うことになります[86]。

A	B	C	D	E	F	G	H	I
100	101	102	103	104	105	106	107	108

J	K	L	M	N	O	P	Q	R
109	110	111	112	113	114	115	116	117

S	T	U	V	W	X	Y	Z
118	119	120	121	122	123	124	125

すなわち、 H　I　T　L　E　R
107＋108＋119＋111＋104＋117 ＝ 666

　以上、最も有名なゲマトリアの実例を紹介したところで、そろそろ歴史に関する話は終わりにしたいと思います。
　次の章では、本書の第1部で使われている以外のモダン・ヌメロロジーのメソッドをいくつかピックアップする形で、簡単に紹介してみたいと思います。

61：M. Farbridge, Studies in Biblical and Semitic Symbolism, Ktav Publishing House, 1970, p. 95.
62：Kieren Barry, The Greek Qabalah: Alphabetic Mysticism and Numerology in the Ancient World, Samuel Weiser, Inc., 1999. p. 128から
63：Kieren Barry, ibid., p. 129.
64：以下のライムンドゥス・ルルスによるラテン文字の数との対応は、David Allen Hulse, The Western Mysteries, An Encyclopedic Guide to the Sacred Languagees & Magikal Systems of the World: The Key of It All, Book II, Llewellyn Publications, 2004, p.126.
65：ライムンドゥス・ルルスと、その「術」についての詳細は、David Allen

Hulse, ibid., pp. 119-134. 及びフランセス・A・イエイツ（青木 信義、篠崎 実、玉泉 八州男、井出 新、野崎 睦美訳）『記憶術』（水声社、1993年）
66：Henry Cornelius Agrippa of Nettesheim, Llewellyn's Sourcebook Series, Three Books of Occult Philosophy, Translated by James Freake, Ediet and Annotated by Donald Tyson, Llewelly Publications, 2005, pp. 312-313.
67：ジョン・ヒーリー（矢島文夫監修、竹内茂夫訳）『大英博物館双書　失われた文字を読む4　初期アルファベット』（学芸書林、1996年）60-70頁。
68：このアグリッパのシステムについて詳しくは、Ruth Tatlow, Bach and the Riddle of the Number Alphabet, Cambridge University Press, 1991, p. 49.
69：ちなみにこのシステムは、キルヒャーの本の中で、Cathanus Magusなる人物の『Geomantia』という本に載っているものとして紹介されています。詳しくは、Ruth Tatlow, ibid., pp. 49-50.
70：Ruth Tatlow, ibid., pp. 130-138.
71：ミセス・バリエッタの用いている対応のシステムについては、注12も参照ください。
72：Cheiro, Cheiro's Book of Numbers, Hind Pocket Books, 1999, Original edn., 1926.
73：Cheiro, ibid., p. 65.
74：Leava Thompson, Chaldean Numerology : An Ancient Map for Modern Times, Cole Publishing Group, 1999.
75：Lloyd Strayhorn, Nymbers and You : A Numerology Guide for Everyday Living, Ballantine Books, 1997, pp.14-15, Original Edn., 1980.
76：Matthew Oliver Goodwin, Numerology : The Complete Guide Volume1, New Page Bools, 1981, p. 18.
77：Hashnu O. Hara, Number, Name & Color, Kessinger Publishing, n. d, p. 5.
78：D. Jason Cooper, Understanding Numerology : The Power to Know Anybody, Thorsons, 1995, Original edn., 1986.
79：L. Mabel Ahmad, Names and Their Numbers, David Mckay Co., 1924.
80：ここでのクロウリーのシステムについては、David Allen Hulse, The Truth About Numerology, Llwellyn Publications, 1993, pp.34-36を参照しました。
81：ちなみにナイジェル・ペニックの『マジカル・アルファベット』の中では、ピュタゴリアン・システム、カルディアン・システム、ハシュヌ・ハラのシステム、ジェイソン・クーパーのシステムそれぞれを使用した時の結果の比較が試みられています（Nigel Pennick, Magical Alphabets, Weiser Books, 1992, pp. 195-198）。
82：新共同訳では漢数字となっていますが、アラビア数字へと直しています。
83：現代のオカルト的なゲマトリアの解釈を知りたい方は、邦語文献としては、久保有政『ゲマトリア数秘術　聖書に隠された数の暗号』（学習研究社、2003年）がお勧めです。非常に詳しくオカルト的なゲマトリアの解釈が説明されています。
84：詳しくは、Karl Menninger, Number Words and Number Symbols: A Cultural History of Numbers, Dover Publications, Inc., 1992, p.267, Original edn., 1969. また、666という数についての多様な解釈については、Underwood Dudley, Numerology or, What Pythagoras Wrought, The Mathematical Association of America, 1997., pp.55-66
85：詳しくは、Kieren Barry, pp. 142-147.
86：この例については、Underwood Dudley, ibid., p. 46を参照しました。

以下は、本書に登場したヌメロロジーに関する主要な項目を年表としてまとめたものです。また、各時代を目安としてわかりやすくするため、おおまかに日本史を対照させておきました。

年号	頁数	ヌメロロジー	関連事項	日本
前6世紀	214	ピュタゴラス出生。		縄文時代
前4世紀	239	この頃から、ギリシャ文字のアルファベットによる数のシステムが、ユダヤ人によって採用される。さらにその後、ユダヤ人たちがヘブライ文字のアルファベットを使用した数の表記体系を発達させる。	前334 アレクサンドロス大王の遠征 前322 ユダヤ王国がアレクサンドロス大王によって支配	縄文時代
前3世紀	242		前3世紀半ば〜前1世紀 旧約聖書のギリシア語訳『70人訳聖書』成立	弥生時代
前3世紀	239		マカバイの反乱(ユダ・マカバイがシリアの支配下にあったユダヤの独立を達成した)	弥生時代
前1世紀	242	新プラトン主義の哲学者フィロンが、『70人訳聖書』をもとに「創世記」注解においてゲマトリア的解釈を行う		弥生時代
1世紀	247		79 ベスビオ山噴火、ポンペイ市埋没(後に噴火灰の地層の中からアイソプセフィーによる落書きが見つかる)	弥生時代
2世紀	241	この頃、ゲマトリアという語がラビの文献の中に登場する		卑弥呼が王となる
4世紀	219	イアンブリコスの『算術の神学』。		4世紀半ば 大和政権の成立
13世紀	249	ライムンドゥス・ルルスによるラテン文字と数の対応		鎌倉時代
16世紀	250	1531 ドイツのコルネリウス・アグリッパ著『オカルト哲学』。		室町時代

17世紀	252	1665 アタナシウス・キルヒャー著の『アリスモロギア』。		江戸時代
	254	ラテン文字によるゲマトリアの最盛期		
19世紀	213	1890 ウィリアム・ウィン・ウェストコット著『数のオカルト的な力』。		
20世紀	198	1905 ミセス・L・ダウ・バリエッタ著、『いかにヴァイブレーションの力を通じて成功を成し遂げるか』。		明治時代
	198	1908 ミセス・L・ダウ・バリエッタ著、『数の哲学 それらの音階と色』。		
	213	セファリアル著『数のカバラ』。		
	213	1914 クリフォード・W・チェズリー著『ヌメロロジー その人生における実践的応用』。		大正時代
	198	1917 ミセス・L・ダウ・バリエッタ著『数のヴァイブレーションによる英知の時代』。		
	260	1924 マーベル・アーマド著『名前とそれらの数』。		
	256	1926 キロー著『キローの数の本』。		昭和時代
	227	1931 フローレンス・キャンベル著『数によるあなたの一生』。		
	207	1957 ジュノー・ジョーダン著『あなたの数と宿命』。		
	207	1965 ジュノー・ジョーダン著『ヌメロロジー あなたの名前の中のロマンス』。		

Method
II モダン・ヌメロロジーの さまざまなメソッド

Method

　本章では、1部ではふれることのできなかった、さらに進んだモダン・ヌメロロジーのいくつかのメソッドを簡単に紹介していきます。

■加算メソッドの見直し

　生年月日、あるいは名前の数を合計する手順は、第1部でお話しましたが、ここでは、まずより進んだ加算メソッドを紹介したいと思います[87]。

　第1部で紹介した加算メソッドでは、次のように計算をおこないました。

$$\text{たとえば1944年7月6日の人の場合}$$
$$1＋9＋4＋4＋7＋6＝31$$

　実は、ヌメロロジストの中には、このような単純な加算メソッドだけを使用することを好まない人もいます。というのも、ヌメロロジストたちが言うには、この方法だけでは特別な意味を持つマスター・ナンバーを見逃してしまう可能性があるからです。どういうことでしょうか。では次の加算メソッドをみてください。

モダン・ヌメロロジーのさまざまなメソッド

まず年だけを加算する。
$1 + 9 + 4 + 4 = 18$
$1 + 8 = 9$
ここに誕生月 7 と誕生日 6 を加算する。
$9 + 7 + 6 = 22$

　いかがでしょうか。実は、同じ生年月日を使っても加算の手順を変えることで、マスター・ナンバーを導くことができるのです。
　このメソッドは、単純にすべての数を順に足していくのではなく、年、月、日を個別に足し合わせ、さらにそれを還元(リデュース)してから、それぞれを加算していくというものです。
　しかしながら、加算メソッドはこれだけではありません。もうひとつ別の加算メソッドを見てみましょう。

```
    1944
 +     7
 +     6
 ―――――――
    1957
```

$1 + 9 + 5 + 7 = 22$

　以上のような、別の加算メソッドを使うことで、通常の計算では顕在化しないマスター・ナンバーを発見することができるのです。

■マスター・ナンバーとカルミック・ナンバー

モダン・ヌメロロジーでは、1〜9までの一桁の数以外の11と22という数をマスター・ナンバーと呼び、特別な意味を与えるというのが一般的です。前にも述べたように、この数のセットは、ミセス・バリエッタから始まる伝統です。しかしながら、今日のヌメロロジストの中には、マスター・ナンバーをさらに増やして考える人もいます。

たとえば、アメリカのヌメロロジスト、ケイ・ラガークイスは、その著書の中で11、22以外に33という数を、マスター・ナンバーと呼んでいます。そればかりか、さらに10、13、14、16、19の数を「カルミック・ナンバー」と呼び、それらの数に対しても、ルート・ナンバーに還元(リデュース)されることのない特別な意味を与えています[88]。

以下にラガークイスによるマスター・ナンバーとカルミック・ナンバーの意味を列挙してみましょう。

マスター・ナンバー

11 啓蒙(イルミネーション)のマスター。霊感(インスピレーション)によるメッセンジャー。光の数。気付(コンシャスネス)きを高める人。世界の問題の改良者。他人を向上させることを求める。内なる真実の教えによるインスパイア。

22 建築のマスター。大きなプロジェクトをいかに計画し実行するかについての想像力(ヴィジョナリー)。人類の気付(コンシャスネス)きを促進することを求める——特に女性の気付(コンシャスネス)き。博愛主義を広めるための強力なスキル。

33 教師の中の教師。共感のマスター。愛を通じてのヒーリングのマスター。他人に奉仕するためのクリエィティヴなエ

ネルギーの使用。

カルミック・ナンバー
- 10 再誕。カルマの完成。全体をまとめる。気付き（コンシャスネス）とともに再び始める。
- 13 修練を通じてカルマとしての怠惰さを克服する。
- 14 秩序と安定をとおしてカルマとしての自由の誤用を克服する。
- 16 スピリチュアルな生まれ変わりを通じて、カルマとしての信頼と愛の誤用を克服する。
- 19 共感、そして偉大なよきもののために宇宙的な英知の神聖な使用を学ぶことを通じて、カルマとしての力の誤用を克服する。

ちなみに、カルマというのは、現世へと持ち込まれた前世での自分のおこないのことです。

ですから、「カルマ的な数」という意味を持つカルミック・ナンバーは、当然のことながら、それを使用するヌメロロジストが、輪廻（リーインカーネーション）を信じているということが前提となります。

一方のマスター・ナンバーも、やはり秘教的（エソテリック）、あるいはスピリチュアルな世界観を前提として意味づけられている数です。現代のヌメロロジストの多くにとって、マスター・ナンバーは、スピリチュアルな使命のために人生を送る人々にとって、学びの機会を与える数として考えられています。

このようなモダン・ヌメロロジーにおけるマスター・ナンバーやカルミック・ナンバーの意味は、いわゆるアメリカのニュー・エイジ・ムーヴメントが背景となって発達していったものです。

ちなみに、ここで言うニュー・エイジ・ムーヴメントというのは、1970年代のアメリカを中心として起こった霊性運動のこと

です。ニュー・エイジ・ムーヴメントにおける人間のスピリチュアリティを探求しようとするさまざまな思想は、モダン・ヌメロロジーだけでなく、20世紀後半のタロット占いを始めとする他のさまざまな占いにも大きな影響を与えています。

マスター・ナンバーとカルミック・ナンバーを使うかどうかについて、ヌメロロジストの間での見解の一致はありません。マスター・ナンバーは使うけれども、カルミック・ナンバーは使わないというヌメロロジストもいます。また、マスター・ナンバーの中でも11と22は採用するけれども、33は採用していないというヌメロロジストもいます。そして、1から9までの一桁の数しか使わないヌメロロジストもいます[89]。また、スザンナ・ウェグナーの『イテングラル・ヌメロロジー』(2005)のように、普通とは異なり、0から11までの数すべてを基本セットとするというものもあります[90]。

最近はマスター・ナンバーの数が、さらに増加する傾向もあるようです。たとえば、シャーリー・ブラックウェル・ローレンスの『ヌメロロジーの秘密の科学』(2001)[91]やルース・A・ドレイヤーの『ヌメロロジー 数の力』(2003)では、44、55、66、77、88、99という数がマスター・ナンバーとして定義されています[92]。

ところで、ちょっと変わったものとしては、カルディアン・システムのところでふれたキローの著書、『キローの数の本』[93]があります。そこでは、10から52までの数が「コンパウンド・ナンバー」、あるいは「スピリチュアル・ナンバー」と呼ばれ、それぞれに特別な意味が与えられています。またキローによると、10から52は「人生の、よりオカルト的あるいはスピリチュアルな面に属する数」であると述べています[94]。

ちなみに本書は、すでに見ていただいて分かるように、さしあたってマスター・ナンバーの数をあえて増やさず、1から9、及

び 11 と 22 というミセス・バリエッタの伝統に従いました。

■マチュリティー・ナンバー、ライフ・レッスン・ナンバー、バースデイ・ナンバー、ストレス・ナンバー

第1部では、モダン・ヌメロロジーの中心となるナンバーとしてライフ・パス・ナンバー、ディスティニー・ナンバー、ソウル・ナンバー、パーソナリティー・ナンバーの4つについて解説しました。

ここではそれ以外の数として、「マチュリティー・ナンバー」、「ライフ・レッスン・ナンバー」、「バースデイ・ナンバー」、及び「ストレス・ナンバー」と呼ばれる数を紹介します。

①マチュリティー・ナンバー（maturity number）

今日のヌメロロジストによっては、第1部で解説した4つのナンバーに、さらに「マチュリティー・ナンバー」という数を加え、計5つの数を基本ナンバーとしてみなす場合もあります。たとえば、現代のアメリカのヌメロロジスト、ケイ・ラガークイスは、「ファイヴ・コア・ナンバーズ（Five Core Numbers）」という言い方で、マチュリティー・ナンバーを含めた計5つの数を、モダン・ヌメロロジーの欠かすことのできない要素とみなしています[95]。

算出方法は簡単です。ディスティニー・ナンバーとライフ・パス・ナンバーを加算するだけ。すなわち、マチュリティー・ナンバーというのは、ディスティニー・ナンバーとライフ・パス・ナンバーの持つエネルギーが結合したもの、という意味を持っています[96]。

特に、マチュリティー・ナンバーは、人生の後半に重要となる数だと言われています。若い頃は、この数の影響に無自覚です

が、歳をとるにつれ、次第に大きな影響を感じられるようになると言われています。

　また、モダン・ヌメロロジーの最も基本となるこれら5つの数は、「コズミック・コード（Cosmic Code）」とも呼ばれています。コズミック・コードというのは、この地上での人生の意味を解き明かすための「宇宙の暗号」のことです。コズミック・コードである5つの数の組み合わせが、それぞれの人の固有のヴァイブレーションを生み出している、とモダン・ヌメロロジーでは考えているのです。

②ライフ・レッスン・ナンバー（Life Lesson Number）

　ヌメロジストによっては、ファイヴ・コア・ナンバーズ以外にも、さらに「ライフ・レッスン・ナンバー」と呼ばれる数を重視する場合もあります。

　ライフ・レッスン・ナンバーというのは、自分の名前のアルファベットを数に変換した時、そこに含まれていない数のことです。したがって、ヌメロジストによっては、ライフ・レッスン・ナンバーを、ミッシング・ナンバー（Missing Number）と呼んでいる場合もあります。ライフ・レッスン・ナンバーは、その人のスピリチュアルな成長のために学ばなければならないことを表している数だと言われています。

③バースデイ・ナンバー（birthday number）

　「バースデイ・ナンバー」というのは、文字どおり、その人の誕生日に基づく数のことです。ここではひとつひとつの日に対して、詳しい解説はいたしませんが、自分が生まれた個々の日には、それぞれ固有の意味があるとモダン・ヌメロロジーでは考えているのです。

④ストレス・ナンバー（stress number）

　「ストレス・ナンバー」と言うのは、人間同士の相性を見る時に出てくる数です。

　算出方法は、相性を見るふたりの間のナンバーを引き算することで導き出します。たとえば、ライフ・パス・ナンバー9の人とライフ・パス・ナンバー8の人の間のストレス・ナンバーは、9－8＝1ということになります。これはライフ・パス・ナンバーだけでなく、ディスティニー・ナンバー、ソウル・ナンバー、パーソナリティー・ナンバー、それぞれに対して導き出すことができます。

　ストレス・ナンバーは、お互いの違いを認識し、さらに関係性をより良いものにしていくための鍵となる数となります。同時にそれは、ふたりが共に生きていくためには、担わなければならない課題であるとも言われています。

　たとえば、さきほどの例のように、ストレス・ナンバーが1の場合は、ふたりの人間関係においては、お互いに相手に頼り過ぎず、しっかりとした自立心を持って付き合っていくことが必要だということになるわけです。

　残念ながらここでは他のナンバーの時の解釈について、すべて列挙はいたしません。ただし、このようなストレス・ナンバーの解釈は、第1部のナンバーの解説（22頁）で述べたキーワードをベースとして作られていますので、それを参照しながら、自分なりの解釈を作ってみることも可能です。

■コンパウンド・ナンバー

　モダン・ヌメロロジーでは、ルート・ナンバーへと還元(リデュース)する際に、最後に現れる二桁の数を「コンパウンド・ナンバー」と呼び、その役割を重視するという考え方もあります。
　たとえば、1978年12月26日を例にしてみます。

　　　　　　　　生まれ年
　　　　　　　　$1+9+7+8=25$
　　　　　　　　$2+5=7$

　　　　　　　　　生まれ月
　　　　　　　　　12
　　　　　　　　　$1+2=3$

　　　　　　　　　生まれ日
　　　　　　　　　$2+6=8$

　　　　　　　　従って
　　　　　　　　$7+3+8=18$
　　　　　　　　$1+8=9$

　ここでルート・ナンバーとして9という数が還元(リデュース)されましたが、そのひとつ前の手順のところの二桁の数18が、コンパウンド・ナンバーとなります。
　この場合、生年月日を加算して出てきたライフ・パス・ナンバーは、もちろん9であることに変わりはありませんが、コンパウンド・ナンバーを重視するヌメロロジストたちは、そこに1と

8という数の性質が含まれているものとして解釈するわけです。

　とすると、ライフ・パス・ナンバーが同じ9であっても、たとえばコンパウンド・ナンバーが27の場合、2と7の数の性質が含まれるものとして解釈されるため、当然のことながら、そこには性質の違いが生まれてくることになります。

　ちなみに、コンパウンド・ナンバーを使用する場合、たとえば先ほどの例で言えば、前者を18/9、後者を27/9と記述しておくのが一般的です。

■プレディクティヴ・ヌメロロジー

　第1部では、「メジャー・サイクル」、「パーソナル・イヤー」、「パーソナル・マンスリー」、「パーソナル・ディ」といった未来にかかわるヌメロロジーのテクニックについて紹介しました。ここではさらに、「ピナクル・ナンバーズ（Pinnacle Numbers）」、「チャレンジ・ナンバーズ（Challenge Numbers）」、「メジャー・サイクル（Major Cycles）」と呼ばれているものを簡単に紹介しておきましょう（さきほどのストレス・ナンバーの時と同様に、ここではそれぞれの数の解釈をすべて列挙はいたしません。従って以下には、算出方法、及びサンプルとしてそれぞれひとつの数の解釈例だけあげておきます。ただし前にも述べたように、それぞれのナンバーの解釈は、第1部のナンバーの解説（22頁）で述べたキーワードをベースとしながら、自分なりの解釈を作ってみることも可能です）[97]。

1　ピナクル・ナンバーズ

　ピナクル・ナンバーズは、その人が成功するためのポテンシャル、あるいはそのために学ばなければならないことが何かを示すと言われています。

　たとえば、ピナクル・ナンバーが、2だったとしましょう。そうすると、人生の中で、そのピナクルに当たる時期は、その人は何か大きなことを成し遂げるために、2の数が示すテーマ、たとえばいかに他者との調和やパートナーシップを作りあげていくかといったことを学んでいかなければならない、ということになるわけです。

　ピナクル・ナンバーズは、「ファースト・ピナクル（First

Pinnacle）」、「セカンド・ピナクル（Second Pinnacle）」、「サード・ピナクル（Third Pinnacle）」、「フォース・ピナクル（Fourth Pinnacle）」の全部で4つからなります。

　また、4つのピナクル・ナンバーは、おのおの人生の特定の時期を支配していると考えられています。それぞれのピナクル・ナンバーと、その時期の導き出し方は次のとおりです。

　（ナンバーを出すために、まず誕生月・誕生日・誕生年を、それぞれ一桁の数に還元（リデュース）しておいてください。）

ファースト・ピナクル

［ナンバーの出し方］　誕生月＋誕生日……①
［時期の出し方］　ファースト・ピナクルの時期は、0歳から始まります。そして36からその人のライフ・パス・ナンバーを引いた数が、その人のファースト・ピナクルの終わりの歳となります。

たとえば、ライフ・パス・ナンバーが7の人の場合

$$36 － 7 ＝ 29$$

すなわち、この人のファースト・ピナクルの支配する時期は、0歳から29歳までだということになるわけです。

セカンド・ピナクル

［ナンバーの出し方］　誕生日＋誕生年……②
［時期の出し方］　ファースト・ピナクルの支配する時期の終わりから、さらに9年間がセカンド・ピナクルの時期となります。

さきほどのライフ・パス・ナンバー7の人の例で言えば

$$29 ＋ 9 ＝ 38$$

すなわち、この人のセカンド・ピナクルの支配する時期は、29歳から38歳までだということになります。

サード・ピナクル

［ナンバーの出し方］　①＋②

［時期］　セカンド・ピナクルの支配する時期の終わりから、さらに9年間がサード・ピナクルの時期となります。

さきほどのライフ・パス・ナンバー7の人の例で言えば
$$38 + 9 = 47$$
　すなわち、この人のセカンド・ピナクルの支配する時期は、38歳から47歳までだということになります。

フォース・ピナクル

［ナンバーの出し方］　誕生月＋誕生年

［時期］　サード・ピナクルの支配する時期の終わりから、その先ずっとが、フォース・ピナクルの時期となります。

2　チャレンジ・ナンバーズ

　チャレンジ・ナンバーズは、人生の中で人が直面し、克服しなければならないものごとを意味していると言われています。

　チャレンジ・ナンバーズも、ピナクル・ナンバーズ同様、「ファースト・チャレンジ・ナンバー（First Challenge Number）」、「セカンド・チャレンジ・ナンバー（Second Challenge Number）」、「サード・チャレンジ・ナンバー（Third Challenge Number）」、「フォース・チャレンジ・ナンバー（Fourth Challenge Number）」の全部で4つからなります。すなわち、それらはだれもが人生の中で出会う4つの挑戦しなければならないことを示しているとも言われています。

　また、それぞれのチャレンジ・ナンバーもピナクル・ナンバーと同様、人生の特定の時期を支配していると考えられています。

それぞれのチャレンジ・ナンバーの導き出し方は次のとおりです。まず誕生月、誕生日、誕生年、それぞれ一桁の数に還元(リデュース)します。1985年11月10日の人を例にとってみましょう。

　　10→1＋0＝1……誕生日　　11→1＋1＝2……誕生月

　　1985→1＋9＋8＋5＝23→2＋3＝5……誕生年

上記の数をもとにして、それぞれのチャレンジ・ナンバーを導きます。

〔ファースト・チャレンジ・ナンバーの出し方〕

　　誕生月－誕生日……①

〔セカンド・チャレンジ・ナンバーの出し方〕

　　誕生日－誕生年……②

〔サード・チャレンジ・ナンバーの出し方〕

　　②－①

〔フォース・チャレンジ・ナンバーの出し方〕

　　誕生月－誕生年

※ナンバーがマイナスになった場合は、数字のみ取り出してください。

　また、それぞれの支配する時期は、ピナクル・ナンバーで導き出したものとまったく一緒です。

　ちなみに、前記のような計算で、チャレンジ・ナンバーを導き出すと、その結果の数が0になってしまう場合も出てきます。

　チャレンジ・ナンバー0の場合は、1から9までの数のチャレンジすべてをすることもできるし、まったくチャレンジをしないでいることもできる。すなわち、そのどちらかを決めるのは本人であり、その人はチャレンジ・フリーで生きることもできると言われています。

3　メジャー・サイクル

　メジャー・サイクルは、自分の人生のリズムを理解する助けになります。メジャー・サイクルには、「ファースト・メジャー・

サイクル（First Major Cycle）」、「セカンド・メジャー・サイクル（Second Major Cycle）」、「サード・メジャー・サイクル（Third Major Cycle）」の3つがあります。そして各々のサイクルは、人生のそれぞれの時期を支配していると言われています。

　メジャー・サイクルは、第1部で紹介したパーソナル・イヤー・ナンバーと比較すると、より長いスパンで見た人生の周期を示す数だということになります。

　たとえば、メジャー・サイクルが、1だったとしましょう。そうすると、1という数が示すテーマ、たとえば独立心、リーダーシップといったことが、そのサイクルに当たる時期の大きな課題として与えられているということになるわけです。

　それぞれのメジャー・サイクルのナンバーの導き出し方は次のとおりです。また、それぞれの時期については、表をご覧ください。

ファースト・メジャー・サイクル

［ナンバーの出し方］　誕生月です。ただし、12月生まれの人ならば1＋2＝3というように、一桁に還元（リデュース）します。また、11月生まれの人は、それを「マスター・ナンバー・メジャー・サイクル」と呼び11のまま還元（リデュース）しません。誕生月が一桁の人は、その数のままです。

　ファースト・メジャー・サイクルは、人生の発達の時期のサイクルを表していると言われています。

セカンド・メジャー・サイクル

［ナンバーの出し方］　誕生日です。ただし、11と22のマス

ター・ナンバー以外の二桁の誕生日の場合、一桁に還元(リデュース)します。一桁の誕生日の場合は、その数のままです。

セカンド・メジャー・サイクルは、人生の生産的な時期のサイクルを表していると言われています。

サード・メジャー・サイクル

[ナンバーの出し方] 誕生年を使います。二桁の誕生年を、すべて一桁の数に還元(リデュース)してください。

サード・メジャー・サイクルは、人生の収穫の時期のサイクルを表していると言われています。

さて、それぞれのメジャー・サイクルの時期ですが、次の表のようにライフ・パス・ナンバーによって異なる時期が割り当てられています。

ライフ・パス・ナンバー	ファーストサイクル	セカンドサイクル	サードサイクル
1	0-26（歳）	27-53（歳）	54（歳）以降
2と11	0-25	26-52	53以降
3	0-33	34-60	61以降
4と22	0-32	33-59	60以降
5	0-31	32-58	59以降
6と33	0-30	31-57	58以降
7	0-29	30-56	57以降
8	0-28	29-54	55以降
9	0-27	28-54	55以降

87：ここでの加算メソッドについては、Kay Lagerquist, Lisa Lenard,The Complete Idiot's Guide to Numerology, Alpha, 2004, pp. 32-35 を参照しました。
88：Kay Lagerquist, Lisa Lenard, ibid., pp. 39-40.
89：たとえば、Lloyd Strayhorn, Numbers And You : A Numerology Guide For Everyday Living, Ballantine Books, 1997, Original edn., 1980, 及び D. Jason Copper, Understanding Numerology : The Power to Know Anybody, Thorsons, 1995, Original edn., 1986 など。
90：Suzanne Wagner, Integral Numerology, Integral Numerology, Strong Winds Publication Inc., 2005.
91：Shirley Blackwell Lawrence, Msc. D., The Secret Science of Numerology, : The Hidden Meaning of Numbers and Letters, New Page Books, 2001, pp. 224-226.
92：Ruth A. Drayer, Numerology : The Power in Numbers, Square One Publishers., pp.92-99, 2003. ただし、ルース・ドレイヤーは、44 までをマスター・ナンバーと呼び、55、66、77、88、99 を「フューチャー・マスター・ナンバー」と呼んでいます。
93：Chiro, Chiro's Book of Numbers, Hind Pocket Books, 1999, Original edn., 1926.
94：Chiro, ibid, p.75. ところで、なぜキローは、52 までの数しか使わなかったのでしょうか。彼自身の説明によると、「神秘数 7」に 52 を掛けると 364 になる。364 は古代に 1 年の日数として使われていた数である。従って、52 は特別な数だと説明されています。正直言って、分かったような分からないような説明ですが。
95：Kay Lagerquist, Lisa Lenard, ibid., p.9.
96：ちなみに、マチュリティー・ナンバーというアイディアは、もともとはモダン・ヌメロロジー第二の母、ジュノー・ジョーダンの著書の中で紹介されたものです。
97：以下の説明は、Kay Lagerquist, Lisa Lenard, ibid., pp. 241-283 を参考にしています。

引用・参考文献（著者アルファベット順）

[A]

Adrienne, C., The Numerology Kit, A Plume Book, 1988（斉藤昌子訳『数秘術マスター・キット あなたの魂に刻まれた情報を読み解く』ナチュラルスピリット、2005 年）.

Agrippa of Nettesheim, H. C., Llewellyn's Sourcebook Series, Three Books of Occult Philosophy, Translated by James Freake, Ediet and Annotated by Donald Tyson, Llewelly Publications, 2005.

Mabel Ahmad, L. M., Names and Their Numbers, Kessinger Publishing, no data.

アリストテレス著、出隆訳『形而上学（上）』岩波文庫、2005 年。

――――――――、池田康男訳『天について　西洋古典叢書』京都大学学術出版会、1997 年。

[B]

Balliett, Mrs. L. Dow., How to Attain Success Through the Strength of Vibration, Sun Books, 1983.

――――――――――――, The Day of Wisdom According to Number Vibration, Kessinger Publishing, no data.

――――――――――――, Philosophy of Numbers : Their Tone and Colors, Kessinger Publishing, no data.

Barry, B., The Greek Qabalah : Alphabetic Mysticism and Numerology in the Ancient World, Samuel Weiser, Inc., 1999.

[C]

Campbell, F., Your Days are Numbered : A Manual of Numerology for Everybody, DeVorss Publications, 2002.

Cheasley, C. W., Numerology : Its Practical Application to Life, Kessinger Publisihng, no data.

Cheiro, Cheiroís Book of Numbers, Hind Pocket Books, 1999.

Cooper, D. J., Understanding Numerology : The Power to Know Anybody, Thorsons, 1995.

チェントローネ著、B. 斉藤憲訳『ピュタゴラス派　その生と哲学』岩波書店、2001 年。

[D]
Decoz, H., Numerology : Key to Your Self, A Perigee Book, 2002.
Drayer, R. A., Numerology : The Power in Numbers, Square One Publishers, 2003.
Dudley, U., Numerology or, What Pythagoras Wrought, The Mathematical Association of America, 1997.
Duciem, S., The Complete Illustrated Guide to Numerology, Element Books, 1999.

[F]
Farbridge, M., Studies in Biblical and Semitic Symbolism, Ktav Publishing House, 1970.

[G]
Goodwin, M. O., Numerology : The Complete Guide Volume1, New Page Bools, 1981.
Greer, J. M., The New Encyclopedia of the Occult, Llewellyn Publications, 2004.

[H]
Hara, H. O., Number, Name & Color, Kessinger Publishing, n. d.
Hopper, V. F., Medieval Number Smbolism : Its Sources, Meaning, and Influence on Thought and Expression, Dover Publications, Inc., 2000.
Hulse, D. A., The Truth About Numerology, Llwellyn Publications, 1993.
―――――― , The Western Mysteries : An Encyclopedic Guide to the Sacred Languages & Magical Systems of the World: The Key of It All, Book2, Llewellyn Publications, 2004.

ヒーリー・J. 著、矢島文夫監修、竹内茂夫訳『大英博物館双書　失われた文字を読む4　初期アルファベット』学芸書林、1996年。

ヘニンガー・S. K 著、山田耕士、吉村正和、正岡和恵、西垣学訳『クリテリオン叢書　天球の音楽』平凡社、1990年。

[I]

Iamblichus, The Theology of Arithmetic, translated by Robin Waterfield, Phanes Press, 1988.

イエイツ・F. A. 著、青木信義、篠崎実、玉泉八州男、井出新、野崎睦美訳『記憶術』水声社、1993年。

伊泉龍一著『タロット大全　歴史から図像まで』紀伊國屋書店、2004年。

[J]

Javane, F., and Bunker, D, Numerology and the Divine Triangle, Whitford Press, 1979.

Jordan, j., Numerology : The Romance in Your Name, Devorss Publications, 1988.

――――, Your Right Action Number, De Vorss Piblications, 1979.

Lagerquist, K., and Lenard, L., The Complete Idiot's Guide to Numerology, Alpha, 2004.

[K]

Kahn, C. H., Pythagoras and The Pythagoreans, Pythagoras and the Pythagoreans : Brief History, Hackett Publishing Company, inc., 2001,

久保有政著『ゲマトリア数秘術　聖書に隠された数の暗号』学習研究社、2003年。

[L]

Lawrence, S. B., The Secret Science of Numerology : The Hidden Meaning of Numbers and Letters, New Page Books, 2001.

[M]

MacQueen, J., Numerology : Theory and Outline History of a Literary Mode, Edinburgh University Press, 1985.

Menninger, K., Number Words and Number Symbols : A Cultural History of Numbers, Dover Publications, Inc., 1992.

Millman, D, The Life You Were Born to Live : A Guide to Finding Your Life Purpose, HJ Kramer, 1993.（東川恭子訳『[魂の目的]　ソウルナビゲーション　あなたは何をするために生まれてきたのか──』徳間書店、2001 年）

Montrose, Numerology for Everybody, Nelson-Hall Co., 1940.

松田和也著『新・数秘術入門　人生を磨く「数占い」』柏書房、2005 年。

[N]

Nicomachus, The Manual of Harmonics of Nicomachus the Pythagorean, Translation and Commentary by Flora R. Levin, Phanes Press, 1994.

[P]

Pennick, N., Magical Alphabets, Weiser Books, 1992.

Philo, Question and Answers on Genesis, translated by R. Marcus, William Heinemann Ltd., 1953.

[R]

Riedweg, C., Pythagoras : His Life, Teaching, and Influence, Translated by Steven Rendall, Cornell University Press, 2005.

[S]

Scholem, G., Kabbalah, Keter Publishing House, 1974.

Sepharial, Kabala of Numbers A Handbook of Interpretation, Kessinger Publications, no data.

Strayhorn, L., Nymbers and You: A Numerology Guide for Everyday Living, Ballantine Books, 1997, pp.14-15, Original edn., 1980.

斉藤啓一著『秘法カバラ数秘術』学習研究社、1987 年。

[T]

Tatlow, R., Bach and the Riddle of the Number Alphabet, Cambridge University Press, 1991.

Thompson, L., Chaldean Numerology : An Ancient Map for Modern Times, Cole Publishing Group, 1999.

[Y]

やましたやすこ著『数秘術』説話社、2001年。

[W]

Wagner, S, Integral Numerology, Integral Numerlogy, Strong Winds Publication, Inc., 2005.

Westcott, W. W., The Occult Power of Numbers, A Newcastle Book, 1984.

エピローグ

　何か占いをしたいことがある時、わたしはその内容によって東西のさまざまな占術を併用するのですが、そのなかでもモダン・ヌメロジーは、人物の大枠や年ごとのテーマを占う時に使っています。11種類の意味さえ覚えてしまえば、その人の性質や運命、今年の傾向まで暗示できるというのは、とてもシンプルです。

　またこの占術は、場所を選ばず、道具も使用せず、パパッと頭の中で計算するだけで占うことができるのも魅力。さらに言うと、12星座占いや血液型占いに比べ、まだそれほど広まっていないというのも、人に伝える時に目新しく感じられて良いのです。そんな理由もあってか、簡単な占いをしたい時には、モダン・ヌメロジーをよく使うようになりました。

　実際に占いをしてみると、ライフ・パス・ナンバーばかりが全面に表れている人や、ライフ・パス・ナンバーはほとんどなりを潜め、ディスティニー・ナンバーのみが目立つ人、またすべてのナンバーをバランスよく使っている人など、一見したところではありますが、ナンバーの表れ方もそれぞれであるように感じられました。そして、それはそれでまた、その人の育ってきた環境や家族構成などをうたっているもののようで興味深くも感じられます。

　ライフ・パス・ナンバーが3で、本質は楽観的で時には大雑把にもなりやすいはずの人が、年の離れた妹や弟たちの長男で、早いうちから自分の役割に目覚めてディスティニー・ナンバーの4ばかりを使っている人、またライフ・パス・ナンバーとソウル・ナンバーが同じ7でひとりの時間を好むはずの人が、ディスティニー・ナンバーとパーソナリティー・ナンバーに同じ8を持ち、とてもひとりの時間など作れないほど会社や取引先に入り浸り、忙しく仕事をしている女性もいました。ただしあくまでも、それはわたしが知り得

る側面。実は前者の人は、ひとりになると陽気に鼻歌でも歌って、楽しいことばかり考えているのかもしれません。また後者の人は、大勢の人と一緒にいる時にも心の中では静寂さを保っているとも考えられます。

　結局のところヌメロロジーは、当たる、当たらないというよりも、占った人が自分をより深く知り、生まれ持った性質と運命のすべての側面に光をあて、自分の才能を開花させていくためのツールであるといえるでしょう。

　そんなわたしがヌメロロジーを知ったのは、占いに詳しいライターさんとの出会いから。なぜだが仕事に対する野心がむくむくとわきだして「来年はもっとバリバリ仕事をするぞー！」と意気込み始めたのはパーソナル・イヤー・ナンバー8の年を目前に控えたある日のこと。ふと思いついて、3年ほど前に1度だけお会いしたことのあるライターさんに連絡を取ってみたのでした。

　そして実際にお会いすることになり、スピリチュアルな話で盛り上がっていたところ、突然「早田さんを数秘術で見てみてもよいですか？」と言われたのが、わたしにとってのヌメロロジーの始まり。目の前でササッと計算式を書き出して、まるで心理学のタイプ論でも語るように性格分析をされた時には、なんだかとてもかっこよく感じたものです。

　今回、共著にお誘いいただいた伊泉龍一さんとの再会（わたしは昔、伊泉さんのタロット講座に生徒として出席していたことがあるのです）も、そのライターさんが一席設けてくださったのがきっかけですから、人の縁というのも本当にありがたいものです。

　わたしはライフ・パス・ナンバーに11を持っているのですが、事実、スピリチュアルなメッセージを書くのがとても好きでして、（※紹介になりますが拙著に『幸運メッセージ』『Be happy!』ほか）

今回の本にも、そういったメッセージをたくさんちりばめさせていただきました。本当はメッセージばかりで埋め尽くしたかったぐらいなのですが、それでは読者の方々にナンバーの性質がうまく伝わらないだろうということで、途中何度も投げ出しそうになる自分を抑えながら、なんとかメッセージ以外の文章も書き切るに至りました。終わってみたら、非常に心地良い爽快感と、書き切れなかった内容への多少の悔しさが残ります。

　とはいえ、モダン・ヌメロロジーのシンプルな分かりやすさと、各ナンバーの導きのテーマはお伝えできたのではないかと思っております。

　モダン・ヌメロロジーには、わたしたちの精神に優しく寄り添い、そして個人個人が真に望む方向へと手を引いて連れて行ってくれるような教示性があります。それらの教えに心の目を開くか、それともあなた自身の魂に正直になるか、いずれにせよその先にあるのは同じこと。あなたが自分らしい幸運を手にすることが約束されているでしょう。

　モダン・ヌメロロジーはもとより、占いは、あなたが真の自分に出会い、そして今よりももっと幸せになるためにあるのです。

早田　みず紀

エピローグ

　一口に「占い」と言っても、世界には、非常に数多くの占い方法が存在します。西洋からやってきて、すでに日本で紹介されているものだけでも、「星占い」、「タロット占い」、「手相占い」、「ルーン占い」、「ダウジング」など、さまざまなものがあります。
　個々の占いには、それぞれ独特の世界観や特質がありますが、本書で紹介したヌメロロジーは、そんな数ある占いの中でも、とりわけ「スピリチュアル」な色合いの濃い占いだと言えます。
　ところで最近の日本では、「スピリチュアリティ」、あるいは「スピリチュアル」という言葉が、随分と一般的になりました。ただしその一方で、多くの人の間で、「スピリチュアリティ」という言葉の持つ意味が、ある種、偏った形で受け止められてしまっているようにも思えます。
　先日、ある人に「スピリチュアルって、守護霊とかを霊視することでしょ」というようなことを言われました。確かに、スピリチュアリティという言葉が持つ意味のひとつに、そういった側面があることも事実です。たとえば、19世紀末から20世紀初頭には、アメリカやイギリスを中心に、死後の魂の存在を認め、死者の霊と交信することができる、とする考え方が流行しましたが、その際に使われたのが、「スピリチュアリズム」という用語でした（ちなみに、つい最近までの日本では、このスピリチュアリズムという語に対して、「心霊主義」と言う訳語を使うのが一般的でした）。
　しかしながら今日、欧米で一般的にスピリチュアリティという語は、そういった限定的な意味ではなく、もっと広い意味での神秘主義的な探求全般を指し示すために使われます。ですから、ヌメロロジーがスピリチュアルな占いだと言っても、それは決して「死者の霊」や「お祓い」といったような霊能者や宗教家に登場いただくよ

うなテーマと関係しているということではありません。

　さて、すでに本書を読んでいただいた方の中には、モダン・ヌメロロジーが、従来の一般的な占いの持っているイメージとは、やや異なる性質を持っていることに気付かれた人もいるでしょう。
　まず、モダン・ヌメロロジーでは、「未来がこうなる」というような決定的な予言をおこないません。あるいは「その人と結婚すると不幸になる」とか「○○年は、とても悪い年」といったような否定的な答えもほとんど出てきません。
　というのも、モダン・ヌメロロジーが与えてくれるのは、決められた未来の姿ではなく、「その瞬間、その瞬間、何をすべきか」という、あくまで現在の自分へのメッセージなのです。そういったことから、本文でも触れたように、今日のヌメロロジストの中には、「モダン・ヌメロロジーは占いではない」と述べている人もいるぐらいです。
　どうなるかわからない先の未来の出来事を気にして一喜一憂するよりも、今ここでの自分なりの生き方を大事にしながら、未来をポジティヴにクリエイトしていきたい。もし、あなたがそんなタイプの人なら、数ある占いの中でも、特にモダン・ヌメロロジーへ強いシンパシーを感じてもらえることと思います。

　本書を執筆するにあたって、駒草出版の編集者の木本万里さんには、どうしても複雑になりがちなヌメロロジーの歴史の記述を読みやすくするために、非常にきめ細かなアドバイスをいただきました。改めて、感謝をいたします。
　早田みず紀さんとは、意外なところで何度か顔合わせをする機会があり、これも何かの縁に違いない、と今回は思い切って共著者になっていただくことをお願いしました。「実践篇」、「理論篇」という形で、1部・2部をそれぞれが担当し、書き分けたおかげで、よ

り多くの人にアピールできるバランスの取れた本になっているのではないかと思います。

　また本書は、新宿朝日カルチャーセンター、及び横浜NHK文化センター・ランドマーク校それぞれでおこなっている連続講座（『未来を読む』、及び『占い学入門』）での内容がベースになっています。講座を受講していただいたみなさん、そしてスタッフの方々には、この場を借りて心からのお礼を申し上げます。

　　　　　　　　　　　　　　　　　伊泉　龍一

伊泉　龍一　【Ryuichi Izumi】

占い・精神世界研究家。
タロット・カード、ヌメロロジー（数秘術）、占星術、手相術、ルーンなどを始めとして欧米の多数の占いを紹介している。
著書：『タロット大全　歴史から図像まで』（紀伊國屋書店）、『完全マスタータロット占術大全』（説話社）
共著：『西洋手相術の世界』（駒草出版）、『リーディング・ザ・タロット』（同）、『数秘術完全マスター・ガイド』（同）
訳書：ジョアン・バニング著『ラーニング・ザ・タロット』（駒草出版）、レイチェル・ポラック著『タロットの書』（フォーテュナ）、ケヴィン・バーク著『占星術完全ガイド』（同）、マーカス・カッツ、タリ・グッドウィン著『シークレット・オブ・ザ・タロット』『ラーニング・ルノルマン』（同）他多数。
監修：アレハンドロ・ホドロフスキー、マリアンヌ・コスタ著『タロットの宇宙』（国書刊行会）
《オフィシャルサイト》　運命の世界　　http://unmeinosekai.com/
　　　　　　　　　　　西洋占星術の世界　　http://astro-fortune.com/

早田　みず紀　【Mizuki Hayata】

フォーチュンカウンセラー。
会社勤務を経て占い師となるが、カウンセリングの必要性を感じて心理学を学ぶ。その後企業カウンセラーとしても活動。現在はそれらの経験を活かし、執筆や講演活動を通じて、生き方、恋愛、ストレスに悩む人たちへ、気付きが促される温かいメッセージを送っている。著書に『幸運メッセージ』『運命を変えるちょっとしたコツ』（三笠書房 王様文庫）『占いを活用して自分らしく生きる70の方法』（マガジンハウス）『Ｂｅ　ｈａｐｐｙ！』（ソニーマガジンズ）『コイノウタ』（駒草出版）がある。

数秘術の世界
Modern Numerology Lesson
あなたの人生を導く『数』の神秘

2006年 8月 1日　第一刷発行
2024年 9月12日　第九刷発行

著　者　　伊泉　龍一
　　　　　早田みず紀
発行者　　加藤　靖成
発行所　　駒草出版
　　　　　株式会社ダンク 出版事業部
　　　　　〒110-0016
　　　　　東京都台東区台東 1-7-1
　　　　　邦洋秋葉原ビル 2F
　　　　　TEL：03-3834-9087
　　　　　FAX：03-3834-4508
印刷・製本　シナノ印刷株式会社

© Ryuichi Izumi, Mizuki Hayata 2006, printed in Japan
ISBN978-4-903186-15-3　C2076
落丁・乱丁本はお取り替えいたします。
定価はカバーに表示してあります。

Modern Numerology Chart
【数秘術チャート】

Modern Numerology Chart 【数秘術チャート】

✤ Life Path Number 【ライフ・パス・ナンバー】

Date of Birth 〈生年月日〉

+	**+**	**=**
Year（西暦）	Month（月）	Day(日)	Total（合計①）

+) _____   **=** _____
　　　Reduce（①を一桁に還元）　　　　　　　Life Path Number

✤ Destiny Number 【ディスティニー・ナンバー】

Full Name 〈氏名〉

　　　　　　　　　　　　　　　　　　= _____
（変換表をもとに数へと置き換えます。全ての数を足します。）　Total（合計②）

+) _____   **=** _____
　　　Reduce（②を一桁に還元）　　　　　　　Destiny Number

✤ Soul Number 【ソウル・ナンバー】

Vowels 〈氏名の母音〉

　　　　　　　　　　　　　　　　　　= _____
（氏名の母音のみを取り出します。全ての数を足します）　Total（合計③）

+) _____   **=** _____
　　　Reduce（③を一桁に還元）　　　　　　　Soul Number

Modern Numerology

	1	2	3	4	5	6	7	8	9
	A	B	C	D	E	F	G	H	I
	J	K	L	M	N	O	P	Q	R
	S	T	U	V	W	X	Y	Z	

❦ Personality Number 【パーソナリティ・ナンバー】

Consonants〈氏名の子音〉

_____ = _____
（氏名の子音のみを取り出します。全ての数を足します。）　　Total（合計④）

+) _____ = _____
　　Reduce（④を一桁に還元）　　　　　　　Personality Number

❦ Personal Number 【パーソナル・ナンバー】

_____ + _____ + _____ = _____
Birth Month　Birth Day　Calender Year　Total（合計⑤）
（誕生月）　（誕生日）　（ある特定の年）

+) _____ = _____
　　Reduce　　　　　　　　　　Personal Year Number
　　（⑤を一桁に還元）　　　　　　　（A）

_____ + _____ = +) _____ = _____
(A)　Calender Month　　Reduce　　Personal Month Number
　（ある特定の月）　（合計を一桁に還元）　　（B）

_____ + _____ = +) _____ = _____
(B)　Calender Day　　Reduce　　Personal Day Number
　（ある特定の日）　（合計を一桁に還元）

Modern Numerology

Modern Numerology Chart 【数秘術チャート】

❈ Life Path Number 【ライフ・パス・ナンバー】

Date of Birth〈生年月日〉

| + | + | = |

Year（西暦）　　Month（月）　　Day(日)　　Total（合計①）

+)　　　　　　　　　　　　　　　　　　=

Reduce（①を一桁に還元）　　　　　　Life Path Number

❈ Destiny Number 【ディスティニー・ナンバー】

Full Name〈氏名〉

=

（変換表をもとに数へと置き換えます。全ての数を足します。）　Total（合計②）

+)　　　　　　　　　　　　　　　　　　=

Reduce（②を一桁に還元）　　　　　　Destiny Number

❈ Soul Number 【ソウル・ナンバー】

Vowels〈氏名の母音〉

=

（氏名の母音のみを取り出します。全ての数を足します）　Total（合計③）

+)　　　　　　　　　　　　　　　　　　=

Reduce（③を一桁に還元）　　　　　　Soul Number

	1	2	3	4	5	6	7	8	9
	A	B	C	D	E	F	G	H	I
	J	K	L	M	N	O	P	Q	R
	S	T	U	V	W	X	Y	Z	

❀Personality Number [パーソナリティ・ナンバー]

Consonants〈氏名の子音〉

```
                                                    = _____
（氏名の子音のみを取り出します。全ての数を足します。）    Total（合計④）
```

```
+) _____                                    = _____
   Reduce（④を一桁に還元）                    Personality Number
```

❀Personal Number [パーソナル・ナンバー]

```
        _____    +    _____    +    _____    =    _____
      Birth Month      Birth Day      Calender Year    Total（合計⑤）
      （誕生月）        （誕生日）       （ある特定の年）
```

```
+) _____                                    = _____
   Reduce                                    Personal Year Number
   （⑤を一桁に還元）                              (A)
```

```
  _____  +  _____  =  +) _____  =  _____
   (A)      Calender Month    Reduce        Personal Month Number
            （ある特定の月）   （合計を一桁に還元）    (B)
```

```
  _____  +  _____  =  +) _____  =  _____
   (B)      Calender Day     Reduce        Personal Day Number
            （ある特定の日）  （合計を一桁に還元）
```

Modern Numerology

西洋手相術の世界
『手』に宿された星々の言葉

伊泉 龍一・ジューン澁澤　著

手相術と占星術には、こんなに深い関係があった－
手に秘められた運命、未来を解き明かす。

本書は手相を「しくみ」「理屈」の点から徹底解説。持って生まれた運命から未来まで、誰でも自分で手相を観ることができるようになります。
さらに後半では手相術の起源から、辿ってきた歴史、そして現代に伝わる手相術の体系を完全解明。
西洋手相術研究の第一歩が、ここから始まります。

本体価格：2,800円

数秘術完全マスターガイド
ナンバーで運命を切り拓くモダン・ヌメロロジー14のレッスン

伊泉 龍一・斎木サヤカ　著

真実の自己、魂の衝動、ペルソナ、
成熟への課題－

日本で初めて紹介されるナンバーを始め、数秘術のテクニックが多数掲載されている本書は、生年月日と名前から導かれる『数』からあなたの可能性を開花させ、最大限の才能と魅力を引き出します。
『数』の発しているメッセージに耳を傾けてください。
自分自身の内に秘められた『数のメッセージ』をあなたは意識するでしょう。

本体価格：3,600円